Les cathares
Pauvres du Christ ou apôtres de Satan?
カタリ派
—中世ヨーロッパ最大の異端
アンヌ・ブルノン 著
池上俊一 監修
山田美明 訳
カタリ派はこう言っています。
「私たち“キリストの貧者”は、数多くの使徒や殉教者同様、迫害を受けています。
しかし私たちは、断食や節制など、きわめて神聖かつ厳格な生活を送っています。
私たちがそこまで耐え忍ぶのは、私たちがこの世のものではないからです。
一方あなた方は、この世を愛し、この世に安住しています」
知の再発見 双書160
SG
絵で読む世界文化史

日本語版監修者序文

池上俊一

12世紀半ばから14世紀初頭にかけて、南フランス、なかでもラングドック地方を中心に叢生《そうせい》し、北イタリアにまで版図を広げていった異端者集団カタリ派。彼らはカトリック教会とは大きく異なる教義や儀式体系を備え、そればかりか別様の組織・制度を作り上げたゆえに、教会関係者を震撼させた。そこで教皇庁はフランス王権と手を組んで、激しく執拗な弾圧を繰り返すことになった。十字軍や魔女迫害・ユダヤ人迫害などとならぶ、ヨーロッパ中・近世史の陰惨なエピソードのひとつである。

この中世最大の「異端」カタリ派についての研究は、長い間、不幸な道程を辿ってきたように思う。それは、こういうことである。「異端」というのは、外部にいる「異教徒」とは違い、キリスト教世界内部で正統教義に異を唱え、仲間を増やしていく集団・運動であるから、獅子身中の虫として根絶すべきだ、それはいとも正しいことであり、正統教会の異端対策を疑うことは、キリスト教徒としてあってはならない……。こうした信念にもとづき、またプロテスタントへの対抗の手前ということもあろう、カトリックの神学者やそれに近い歴史家は、1950年代にいたるまで、数世紀にわたってずっと護教的な研究を行ってきた。そのために、カトリック教会のカタリ派に対する残虐な弾圧行為は正当化され、カタリ派の教義や活動は正しいキリスト教とはまったく相容れない狂信的な忌まわしいもの、社会秩序を脅かす危険きわまりないものと、黒々とした色彩で描かれてきたのである。史料の厳密な解釈にもとづいた実証研究においてさえそうした傾きがあり、カトリック教会による異端討伐は、綺麗に正当化されてきた。

もうひとつ逆の偏向もあった。カタリ派は、南フランスのレジオナリスム（郷土愛・地方主義）の寵児として持ち上げられたのである。カタリ派がアルビジョワ十字軍と異端審問によって弾圧される過程で、南フランスがフランス王国とその封建制に制度的に組み込まれてしまったとき、当地にそれまであった、北フランスとは異なる自由闊達な社会とそこに育まれた高度で雅な文明も圧殺されてしまった。その文明を代表するものが、オック語によるトゥルバドゥールの恋愛詩とともにカタリ派信仰だった。そして19世紀からのレジオナリスムの動きと連動して、中世の失われた文明がしきりに呼び返されたのである。

だが、その後新たな史料の発掘・校訂が進み、また人々の宗教観にも変化が見られたためだろうか、ようやく偏見に囚われないカタリ派研究が始まった。それとともに宗教運動史全般にわたる研究の進展もあり、霊性の見地からカタリ派のみを特別扱いする立場は稀になってきた。カタリ派の運動を、さまざまな社会的・文化的な繋がりの中に位置づけうるようになったのである。本書の著者アンヌ・ブルノンは、こうしたカタリ派新研究を現在もっとも精力的に率いている研究者である。それは多くの研究書・論文に結実しているが、そのエッセンスが本書『カタリ派』である。

本書は、カタリ派の起源をペルシャにも古代秘教にも求めず、西暦千年後の経済的・社会的変動期に民衆の宗教的覚醒があった点に着目し、このセクトが12世紀に善悪二元論を主張する組織的な異端としてヨーロッパ各地、とりわけ南フランスに公然と姿を現したと説く。そして異端会議開催や教区組織の整備、貴族から他の社会階層への信仰の普及、救慰礼（コンソラメント）をはじめとする独特の儀礼、悪に支配された俗世を否定する独自の教義、福音を伝えるカタリ派説教師の活動、カタリ派を弾圧するアルビジョワ十字軍と教皇直属の異端審問、さらに14世紀初頭に再建された小さなカタリ派教会と最後の戦いなど、目配りよく論じている。

だが、もっとも興味深いのは、カタリ派信徒たちが集い拠点とした施設が集まるカストルム（城塞集落）のあり方を叙述した件《くだり》である。南フランスに特徴的なこの種の集落内部には、領主の城館とその周囲に同心円状に配置された街路、およびそれに沿った村人・町人の家々があり、また中心近くにはかならず広場があった。要するにカストルムには、貴族と貴婦人、領主とその役人、商人・職人・農夫・羊飼いまた聖職者ら、さまざまな身分・職業の者たちが交流を促される住環境があったのである。ここにはカタリ派の教えが伝えられ、儀礼が行われる「家」があって、彼らの信仰が流布する拠点となった。そうした身分を超えた交流を促す社会構造がカタリ派隆盛を招いたという指摘は、非常に重要である。

読者の皆さんには、カタリ派研究の最先端をコンパクトにまとめた本書を読みながら、信仰の時代であるヨーロッパ中世の栄光と悲惨に、是非、思いを馳せてほしい。

カタリ派はこう言っています。「私たち“キリストの貧者”は，数多くの使徒や殉教者同様，迫害を受け，狼の群れに送り込まれた羊のように（マタイによる福音書第10章16節），町から町へと逃げまどっています（マタイによる福音書第10章23節）。しかし私たちは，断食や節制など，きわめて神聖かつ厳格な生活を送っています。昼も夜も労働と祈祷のみで過ごし，その労働からも，生活に必要なものしか手に入れようとしません。私たちがそこまで耐え忍ぶのは，私たちがこの世のものではないからです。一方あなた方は，この世を愛し，この世に安住しています。あなた方がこの世のものだからです（ヨハネによる福音書第14章19節）。あなた方と私たちを見分けられるように，キリストはこう述べています。『あなた方は，その実で彼らを見分ける』（マタイによる福音書第7章16節）私たちが結ぶ実は，キリストの足跡なのです」

シュタインフェルトのエウェルウィヌスがクレルヴォーのベルナルドゥスへ宛てた手紙（1143年）

CIT IOHANNI
UENI
ET UIDI

TERCIU ANIMAL
IOHANNIS

CONTENTS

第1章 西暦1000年を迎えたキリスト教世界 …… 15
第2章 ヨーロッパのカタリ派教会 …… 33
第3章 恩寵の時代 …… 49
第4章 同盟を結んだ教皇とフランス国王 …… 75
第5章 カタリ派の消滅 …… 93

資料篇
―キリストの貧者か悪魔の使徒か―
1 カタリ派の書 …… 102
2 異端審問の時代 …… 110
3 1244年のモンセギュール …… 115
4 ヴァルドー派，フランシスコ会聖霊派，使徒兄弟団 …… 125
5 カタリ派研究 …… 129
年表 …… 132
INDEX …… 134
出典（図版）…… 136
参考文献 …… 142

カタリ派――ヨーロッパ最大の異端

アンヌ・ブルノン❖著
池上俊一❖監修

「知の再発見」双書160
創元社

UBI EQUI HABENT CAPITA
SICUT LEONES ET IGNIS EXIT
ABORE EORU.
HI HABENT LORICAS IGNEAS
ET IACINCTINAS ET SULFU
REAS
UBI OCCISA
EST TERCIA PARS

❖カタリ派はどこから来たのか？　それは，意外に身近なところから生まれたものと思われる。ペルシャから来たのでもなければ，古代の秘教から生じたのでもない。ロマネスク時代のキリスト教世界の内部から生まれたのだ。西暦1000年を迎えるころ，黙示録の預言が成就されるのではないかとの風聞がキリスト教世界に広まった。その結果，福音書の理想とは何かということが再び議論されるようになり，聖職者たちは神と悪魔を理論づけようとした。……………………………………………………………………………

第１章

西暦1000年を迎えたキリスト教世界

⇦第6の天使がラッパを吹く（黙示録の場面，11世紀中ごろ）⇨人間を飲み込む怪獣――西暦1000年当時のキリスト教徒は，日増しに募る封建領主の暴虐や騎士の略奪に苦しんでいた。当時はまだ，名誉や信仰を重んじる騎士道が確立されていなかったのだ。こうした圧政者は，黙示録に預言された悪魔なのではないかと考えられた。

⇦ニカイア公会議（325年）で焚書を命じるコンスタンティヌス1世（9世紀のミニアチュール）——キリスト教に改宗したローマ皇帝コンスタンティヌス1世は，325年にニカイア公会議を招集してキリスト教の教義を確立し，帝国および皇帝の唯一正統な宗教とした。その結果，それ以外の宗派はすべて排除された。

異端の復活

世の終わりが近いと噂された西暦1000年，キリスト教世界のあちこちで過去の記録をひもとく作業が行なわれた。この世の終わりの前兆として現れる災いを確認するためである。その作業の中で，写字生，聖職者，修道院の年代記作者たちは，当時すっかり忘れ去られていた過去の異端者の言葉や姿を再発見した。黙示録によれば，世の終わりには偽預言者が現れるという。それは，このような異端として現れるに違いない。そう考えたキリスト教世界の人々は，異端をこの世の終わりの災いのひとつと考え，悪魔の使いとして恐れるようになった。

そもそも，キリスト教世界では古代末期以

⇦教会権力と世俗権力（『グラティアヌス教令集』13世紀の写本）――世俗の剣は皇帝に，霊の剣は教皇に。キリスト教の教権政治は，この「両剣論」に基づいている。教権政治は中世にその頂点に達したが，現代でも“軍隊と教会の結合”という形で行なわれている。

（⇦p.16下）「ミラノで異端を討つ聖アンブロジウス」――聖アンブロジウスのような初期教会の教父たちが公会議などを開催し，カトリックの教義の基礎を形作ったのは，何よりも異端者であるアリウスやマニの聖書解釈に対抗するためだった。

降，異端者の告発はなくなっていた。キリスト教がローマ帝国で公認されると，間もなくカトリックの教義が体系化され，それに馴染まない教義はやがて排除されてしまったからだ。ニカイア公会議（325年）やコンスタンティノポリス公会議（381年）により正統派の教義が確立・宣言され，それ以外の聖書の解釈が禁じられると，初期教会の教父たちは異端の指導者の弾圧を命じた。帝国政府も，教義の禁止や排除を行なう実質的な権限を教会に与えた。

この一連の異端弾圧は，384年に終わりを告げた。同年，禁欲主義を唱えていたアビラの司教プリスキリアヌスが異端として斬首されたのを最後に，異端の教義は撲滅された。以後カロリング朝フランク王国は，カール大帝が領土を広げるに伴い，そこに住む異教徒を無理やり改宗させ，カトリックの教義を広めていった。各地を治める伯と司教は，政治的権力および宗教的権力を握り，カトリックの秩序に基づく教権政治を展開した。そのころにも，ある個人の意見が神学的論

争を巻き起こすような事態がなかったわけではない。しかしそのような意見はもはや少数派に過ぎず，遠方の修道院に幽閉する程度の処置で十分だった。

10世紀末になると，フランク王国を分割統治していたカロリング朝の国王が途絶えた。すると，代々要職を務めていた官吏，当時すでに世襲制となっていた公・伯・侯などが政治権力を握るようになった。しかし，そのような混乱のさなかにあっても，カトリックの権威が揺らぐことはなかった。その牙城となったのが，ベネディクト会から派生し，改革運動を引き起こしたクリュニー会の修道院である。そのころに修道院の年代記作者がキリスト教会の歴史をつづった書物を見ると，同時代の記事がきわめて豊富だ。その中には，雹《ひょう》やあられ，火災，彗星といった出来事のほか，偽預言者がしばしば登場する。黙示録によればそれは，世の終わりに反キリストに先立って現れる者だという。当時この世の終わりは，1000年あるいは1033年に来ると言われていた（訳注：当時1033年は，イエスの死の1000年後にあたると考えられていた）。

たとえば1000年末，シャンパーニュ地方の農民ルタールが十字架を壊し，禁欲を説いたという記録がある。だがルタールは，シャロンの司教にマニ教的だと諭され，自分の恥ずべき行ないに絶望した末，自殺を遂げたという（マニ教はキ

⇦著述を行なう聖職者（『コデックス・ソフィ・ロギウム』のミニアチュール（15世紀末）――修道士や写本制作者，文書係（左）は，文書室でうまずたゆまず働いた。1000年前後に現れた異端者の存在を知ることができるのは，彼らが記した年代記のおかげである。

リスト教系の混交宗教であり，広い意味でキリスト教の異端とされていた)。1022年には，当時の国王ロベール2世の命により，きわめて敬虔なオルレアンの司教座聖堂参事会員十数名が，異端として火刑に処されている。

教会の白いマントに覆われる世界

しかし世の終わりは，新しい時代の幕開けをも意味する。平和と繁栄の復活のとき，福音書の精神の再生のときである。クリュニー会の修道士ラウール・グラベルは，その著書『歴史十巻』の中で，この第2千年紀の夜明けを美しいイメージで紹介している。新たな時代が来れば，キリスト教世界の田園や野原が教会の白いマントで覆われるという。

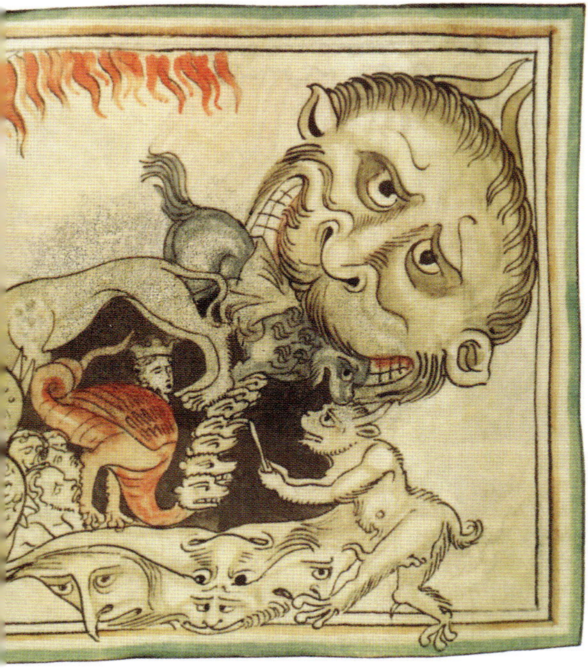

⇙地獄『図入り黙示録』——13世紀の黙示録の写本に描かれた左の地獄の口は，ロマネスク彫刻によく見られるモチーフで，最後の審判や永遠の劫罰の苦しみを表している。中世のキリスト教徒は，この地獄のイメージに苛まれ続けた。西暦1000年にこの世の終わりが到来し，キリストが再臨して最終的に生者と死者を裁く前に，さまざまな災いが起こると信じていたからだ。そのため，さまざまな混乱や動揺が生まれ，福音書の異なる解釈，ひいては異端が生まれるもととなった。教会は永遠の劫罰を振りかざして民衆を脅したが，カタリ派は，父なる神は何度でも赦すことのできる善意を持っていると主張し，この永遠の劫罰を力強く否定した。カタリ派は，異端として永遠の地獄に葬られながらも，信徒を威圧するためにでっち上げた聖職者の単なる思いつきを非難し続けた。

実際，紀元千年の恐怖の後で，ヨーロッパは歓迎すべき数多くの変化に恵まれた。厳しい気候が緩むとともに，戦乱の果てに比較的平和な時期が訪れた。その結果，生活環境が改善され，人口も増加に転じた。新たな村が形成され，城館や教会の周囲が耕作され，修道院の周りの森林が開墾された。加えて農業技術が発達したおかげで，収穫量はかなり増えた。こうした変化のおかげで，民衆は日々を食いつなぐだけの苦しい生活から解放され，信仰を顧みるだけの余裕を

手に入れた。やがて封建領主が暴利をむさぼり，民衆を食い物にし始めると，民衆は神の救済を求め，示威行動に打って出た。

領主は当時，小高い丘に杭や柵で囲った木製の塔を建て，その上から民衆を威圧的に支配していた。そんな領主の暴政や略奪に対し，民衆はキリスト教を精神的支柱とし，広範な抵抗運動を展開した。10世紀後半に始まったこの“神の平和”

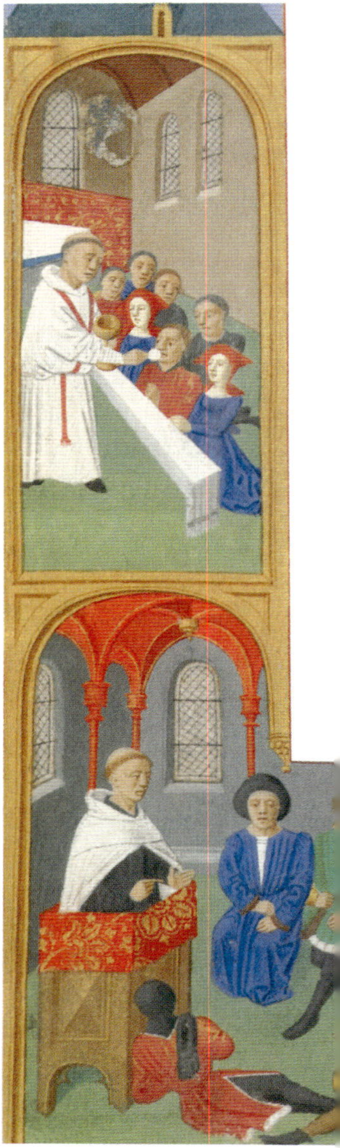

運動は，農民や高位聖職者を巻き込んで発展し，11世紀前半に君主に懐柔されるまでつづいた。この運動もまた，世の終わりが来るという噂と同じように，“福音書に立ち返れ”という思想を広めるのに一役買った。

このような苦しみと喜びを背景に，新たな宗教的欲求が生まれてきた。それは，新約聖書のメッセージ，原始キリスト教会の理想，救済の約束を再発見することから生まれた欲求だった。こうして，民衆やその上に立つ司祭が熱心に宗教的・霊的な理想を追い求めた結果，異端は生まれた。しかし，一口に異端と言っても，その内容はきわめてあいまいだ。ときには，聖職者が自分よりも信仰心の篤い者を恐れるあまり，彼らを悪し様に異端呼ばわりした場合もあっただろう。あるいは単に，この時代に民衆の心を惹きつけ，大きく燃え上がった福音主義運動を指しているに過ぎない場合もある。

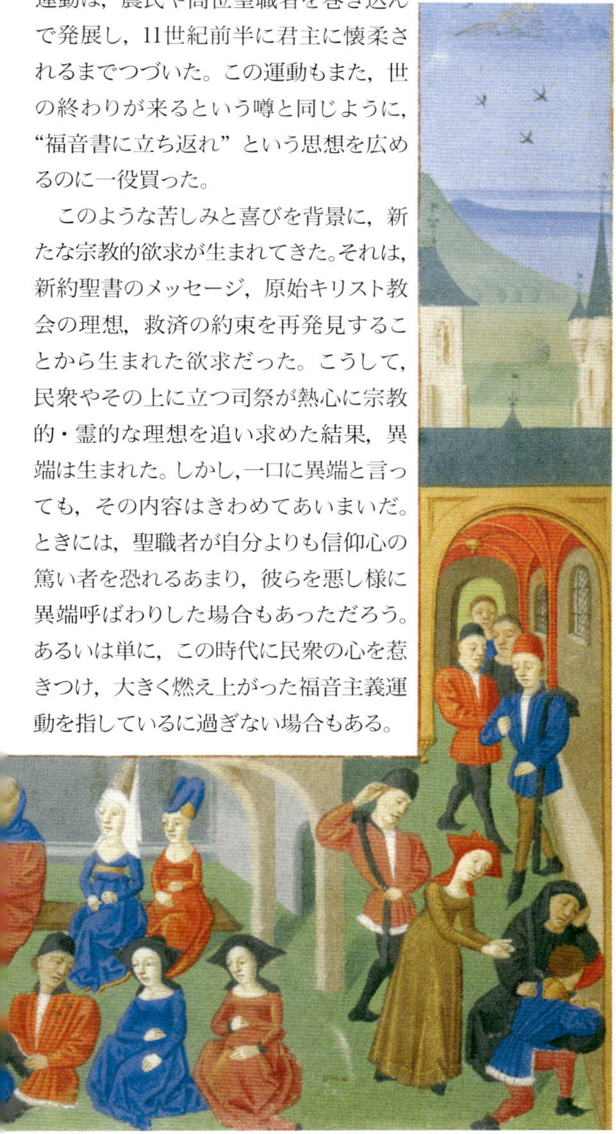

⇧コンクの聖フォワの聖遺物像（10世紀）――この聖遺物像は，荘厳な宗教行列が行なわれる際に，ほかの彫像とともに持ち出され，民衆の教化に利用された。その彫像に対し，反教権的な言葉を投げかけると，彫像が見せしめに復讐をすると言われていた。そのような内容が『奇跡の書』（11世紀）に記されていることから，当時民衆が日常的に教会批判を行なっていたことがわかる。
⇦（p.20）Qの飾り文字（グレゴリウス1世著『ヨブ記講解』）⇦『ブルゴーニュ公夫人の時祷書』（1450年ごろ）――ベネディクト会やシトー会の修道士が積極的に森林の開墾を行なったことも（左ページ），11世紀の飛躍的な経済発展や人口増加の一因となった。

黙示録の偽預言者

そのころ民衆の間には，カトリック教会の教権主義に対する反感が広がっていた。当時クリュニー会は，修道院を天の光，金，香，天使の歌で満たし，神の王国（天国）において約束されていたあらゆるものを聖職者の間で独占していた。そして，奇跡を起こすという聖遺物や聖人の彫像など，具体的なものを崇め奉ることで，民衆の信心を集めようとしていた。そんなカトリック教会に対し民衆は，使徒時代の教会の良識や純潔さを求め，抗議の声を上げた。あるいは教会を批判し，嘲弄した。“神の平和” 運動の集会の記録を見ると，そこには男も女も，一般信徒も聖職者もいたが，誰もが共通の意志を持っていたことがわかる。使徒のみを範とし，

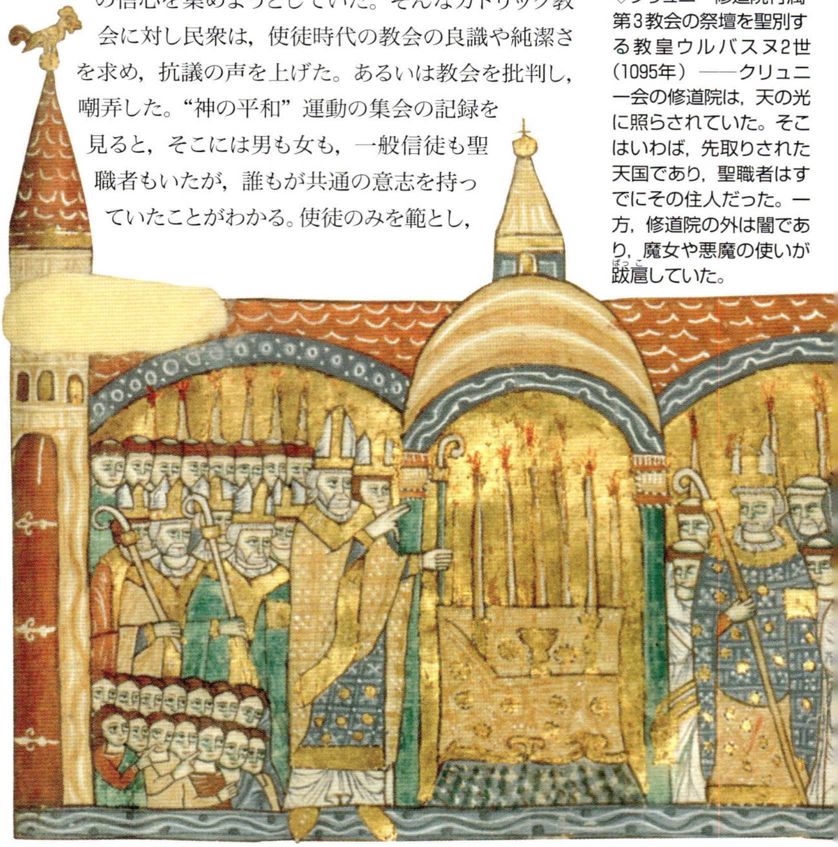

⇩クリュニー修道院付属第3教会の祭壇を聖別する教皇ウルバヌス2世（1095年）――クリュニー会の修道院は，天の光に照らされていた。そこはいわば，先取りされた天国であり，聖職者はすでにその住人だった。一方，修道院の外は闇であり，魔女や悪魔の使いが跋扈《ばっこ》していた。

福音書の教えのみに従おうとする意志である。彼らは，教会組織が後につけ足した余計な制度や，聖書に基づかない秘跡や迷信による慣行を拒否し，教区聖職者のだらしない生活習慣や高位聖職者の世俗的な要求に否を突きつけた。

当時の聖職者たちが記した文章には，さまざまな異端者が登場する。その中には，魔術師，夜間に乱痴気騒ぎを起こした好色な人々や近親相姦者，不信心な輩，無学な農民やうさんくさい老婆などもいるが，それだけではない。もっと恐るべき悪魔の使い，いわゆるマニ教徒，邪説を唱える悪のしもべ，サタンの使徒も登場する。こうした異端者というのはおそらく，神学に精通した教会批判者，あるいは理知的な反教権主義者だったのだろう。彼らに対する年代記作者や高位聖職者の態度は至って明快だ。黙示録が間もなく現れると預言している偽神学者，反キリストの前兆である偽預言者とみなしたのである。

異端を告発する文章の内容は，どの資料を見ても一致している。カトリック教会への反逆者たちは，聖遺物や彫像，十字架を迷信的に崇拝することを拒絶し，徹底的な禁欲と清貧を説いている。また，まだ理性を備えていない幼児に洗礼を施すことに反対している。彼らにはそう主張するだけの神学的根拠があった。異端は，大衆的であると同時に，あるいはそれ以上に，学問的だったのである。

⇦⇩サバトに出かける魔女（1451年）――当時の記録によると，シャロン司教区の農民が，マニ教徒の秘密の集会において「冒涜的な按手により聖霊を授けると偽っていた」という。ラウール・グラベルも『歴史十巻』のなかで次のような報告をしている。1025年ごろ，モンテフォルテ（ピエモンテ）のコミュニティがトリノ大司教から異端と宣告され，まとめて火刑に処される事件があった。このコミュニティを率いていたのは女性で，瀕死の病人に按手をしていたらしい。女性は「黒ずくめの悪魔の一団」に取り巻かれていたと記されているが，その姿は，12世紀に現れる黒ずくめのカタリ派修道者を連想させる。

⇦『信仰論集』のミニアチュール（1371～1378年ごろ）——オルレアンの参事会員はこう述べたという。「キリストは処女から生まれたのでもなければ，人間の苦しみを一身に背負ったのでもない。死んで墓に入れられたわけでも，復活したわけでもない。（……）司祭が聖別をしても，キリストの肉と血の秘跡は起こらない」（オルレアン司教座聖堂参事会員に関する覚書，1050年ごろ）

異端者の火刑の始まり

具体的な例を挙げてみよう。1025年，アラスにおいてジェラール・ド・カンブレが司教裁判で異端とした人々は，キリストおよび使徒の言葉に基づかないしきたりを排除していた。そのため，旧約聖書を受け入れず，水による洗礼を拒否し，聖体の秘跡においてパンとぶどう酒がキリストの肉と血に変わるという実体変化を否定した。アングレームの修道士アデマール・ド・シャバンヌに告発された異端者は，修道士のように断食を行なうとともに，あらゆる肉食を避け，清貧な生活を送っていた。そして，十字架を信仰することを拒否した。彼らにとって十字架は，拷問の道具以外の何物でもなかったからだ。この一派は，1017年か1018年ごろには，アキテーヌ地方全域に広まっていたらしい。

1022年には，キリスト教史上初めての火刑が行なわれた。その犠牲となったのは，王都オルレアンの司教座聖堂参事会員12名である。この参事会員はいずれも敬虔かつ学識の高い偉大な聖職者だったようだが，聖体の秘跡のあらゆる価値を否定した。キリストが人性を有していると考えなかったからだ。彼らにとってキリストは真の神であり，単に人の姿をとって現れただけだった。キリストが人間の肉と血を持っていないのであれば，パンとぶどう酒の不思議な実体変化も

なく，聖体の秘跡もない。

教会はこの参事会員たちを，数百年前に姿を消した異端の再来だと考えた。原始キリスト教会の周囲にはびこっていた異端もまた，主にキリストの性格を問題にしていたからだ。キリストに対するこの参事会員の考え方は，13世紀の文献に登場するカタリ派の仮現説と完璧に符合する。参事会員たちは，自分たちが実践していた独自の秘跡を次のように説明している。「按手による救済は，すべての罪を清め，心を聖霊の恵みで満たす」。これもまた，12世紀ごろから行なわれるようになったカタリ派の救慰礼《コンソラメント》と

⇙⇩信徒に洗礼を授ける聖パウロ（10世紀）——按手については，新約聖書や初期教会の文献のなかで数多く言及されている。カタリ派やその原型となった中世の異端者は，こうした使徒たちの伝統に則って秘跡を行なった。彼らによれば，聖霊や按手による洗礼のみが聖書に基づく秘跡であり，カトリック教会の7つの秘跡（水だけによる洗礼や聖体など）は後に考案されたものに過ぎなかった。

まったく同じである。

大天使と竜――キリスト教的二元論の源

カタリ派が数多くの資料に登場するようになるのは，12〜13世紀である。しかしこのように，西暦1000年を過ぎたころから現れ始めた異端者たちの行動や思想を見ると，すでにカタリ派の主な特徴を備えていることがわかる。確固たる教会組織の外で，厳格な信者や批判的な信者の男女混成共同体として，カタリ派の原型のようなものが生まれていたのだ。こうした人々は旧約聖書を顧みず，使徒の言葉や福音書の教えのみを手本とし，それに従って禁欲的な生活を貫いた。また，キリストの人性に異議を唱え，カトリック信仰の要である聖体の秘跡を否定した。そして教会に代わり，按手や聖霊により罪を赦す独自の救済の秘跡を執り行なった。

ところで，こうした思想は，原始キリスト教会時代の異端から受け継いだものなのだろうか？　東方から来た“いかがわしい”宣教師によりヨーロッパにもたらされたものなのだろうか？　そうではない。彼らは単に，福音書を

⇧「偶像を破壊する聖セバスティアヌスと聖ポリュカルポス」（15世紀）

⇙最後の晩餐。サン＝ネクテール教会の柱頭――中世における合理主義者であった異端者は，教会が押しつける“迷信”を否定した。たとえば，聖人の彫像は，初期キリスト教徒が破壊した偶像そのものであるとして（上），それを崇め奉ることを拒否した。また，同じ観点から最後の晩餐（左）を，キリストが弟子に“聖なる言葉のパン”を分かち，祝福を授けるためのものだったと解釈し，実体変化を認めようとはしなかった。

字義通り解釈しようと熱心に研究を重ねた結果，このような思想に達しただけなのだ。当時は，司教座聖堂参事会員やクリュニー会の修道士に始まり，“神の平和”運動に参加していた民衆に至るまで，さまざまな人々がこうした福音主義に宗教意識を刺激された。そして使徒を手本とし，原始キリスト教会の価値を再発見しようとした。実際，彼らの行為は，福音書や使徒の言葉に従ったものだった。使徒言行録には，使徒が按手により洗礼を施す姿が記されている。パウロ自身が“国々の偶像”の迷信を非難する場面もある。

つまり，東方のマニ教徒がヨーロッパに侵入してきたわけではないのだ。当時の年代記作者はマニ教徒という言葉をよく使っているが，これは単に“異端”という言葉の同義語に過ぎない。ただし,「11世紀になるとマニ教一色に染まっていった」というジョルジュ・デュビーの指摘は正しい。ここで言う

⇩竜と戦う天使（リエバナのベアトゥス著『聖ヨハネの黙示録注解』，11世紀）――10～11世紀，ベアトゥスが著した黙示録の注釈書が数多く流布したことにより，天使と竜の戦いの物語が民間に広まった。天使に打ち負かされた竜は，地上に投げ落とされる際に，その尾で天の星の3分の1を巻き込んでいくという（上）。異端者に限らず，当時のキリスト教徒は誰もがこの物語から精神的な影響を受けた。

マニ教とは，善悪二元論を意味している。マニ教はこの世を，絶えず善と悪が対立する世界とみなす。11世紀のヨーロッパは，まさにそのような世界観に支配されていた。その背景には，黙示録の預言が間もなく現実のものになるという時代思潮があった。

⇦怪獣と戦う天使（ベアトゥス著『聖ヨハネの黙示録注解』，10世紀）――神の国を襲う竜と，それを守ろうとする大天使との戦い。黙示録に記されたこの物語は，数多くのロマネスク芸術のモチーフになった。この神の被造物と悪の軍団との対立が，キリスト教的二元論の源になっている。

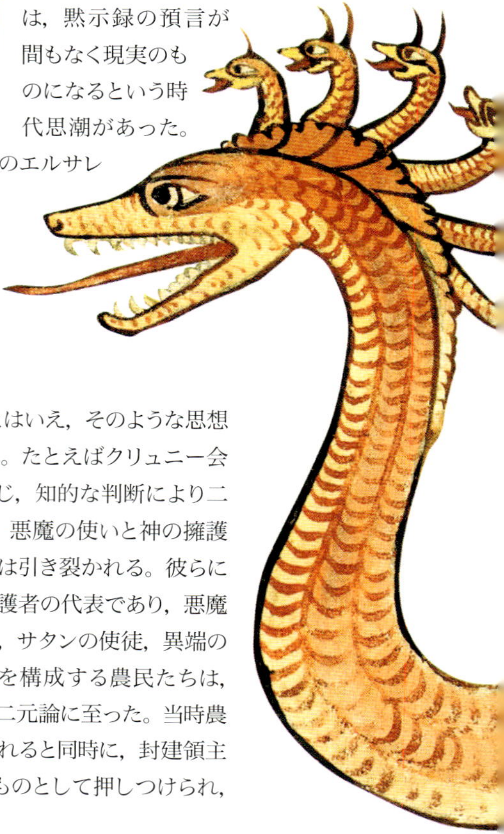

預言によれば，世の終わりには，天のエルサレムの城壁のそばで，“年を経た蛇”と呼ばれる竜の軍団と大天使聖ミカエルとの大いなる戦いが繰り広げられる。そしてこの世は，正しい人々と悪魔の手下とが入り乱れた世界になるという。

しかし，善悪二元論が浸透したとはいえ，そのような思想を抱くに至る過程はさまざまだった。たとえばクリュニー会の修道士たちは，聖書の解釈を通じ，知的な判断により二元論に到達した。黙示録によれば，悪魔の使いと神の擁護者との仮借なき戦いにより，この世は引き裂かれる。彼らにしてみれば，自分たちこそが神の擁護者の代表であり，悪魔の使いとは，自分たちに反対する者，サタンの使徒，異端の司祭であった。一方，信徒の底辺を構成する農民たちは，圧政に対するあきらめの気持ちから二元論に至った。当時農民は，武装した悪党の暴虐に悩まされると同時に，封建領主の定める階層秩序を絶対不可侵なものとして押しつけられ，日々苦しんでいた。

⇦聖アウグスティヌスの周りで口論をする天使と悪魔（アウグスティヌス著『神の国』の木版画，1486年ごろ）。⇙『黙示録』（9世紀）――黙示録に神および神の国の敵として登場する竜は，「年を経た蛇」と表現されていることから，創世記でイヴを誘惑する蛇と同一視されている。ギリシャの教父オリゲネスやその弟子の解釈により堕天使ルシフェルが悪魔だと認識されるようになると，悪魔の姿が次第に具体化されていった。現在一般的に知られている悪魔の姿は，中世キリスト教徒が作り上げたものであり，西暦1000年ごろからさまざまな絵画に登場するようになった。左は，聖アウグスティヌスの周りで，天使と悪魔が口論をしている様子を描いたもの。アウグスティヌスの『神の国』は，後に中世キリスト教徒が夢見る天のエルサレムを描いている。ちなみに，4世紀に活躍したアウグスティヌス（左中央）は，当初マニ教の信者だった。後にキリスト教に改宗し，過去の信仰に反論するために さまざまな著作を行なったが，そのなかには二元論的な論拠も時折見られる。

2つの教会

11世紀後半になると，数十年にわたり異端が記録から姿を消す。ちょうどそのころ教皇庁は，教皇グレゴリウス7世の指揮のもと，カトリック教会の改革を断行していた（グレゴリウス改革）。神聖ローマ帝国の支配下にあった教皇権の自立を勝ち取るとともに，原始キリスト教会の理想を掲げ，聖職者の綱紀粛正を図ったのである。福音主義的な理想は隠修士たちの共感を呼び，新たな修道会が設立された。モレームのロベールが1100年に創設したシトー会もそのひとつである。しかしここで何よりも注目すべきは，この改革により，当時広まっていた善悪二元論のイデオロギーが強化されたことだ。義人には，キリスト教騎士として，神の敵や信仰の敵に武力を行使する権利がある。そう教会は主張した。その結果11世紀末以降になると，異端と並び，異教徒が敵視されるようになった。スペインや聖地エルサレムに侵攻するイスラム教徒は，たとえ殺したとしても福音書の教えに背くことにはならないのだ。こうして「神が望んでいる」を合言葉に聖戦が呼びかけられた。いわゆる十字軍である。この好戦的なイデオロギーは，キリスト教世界の内部でも推進された。カトリック教会

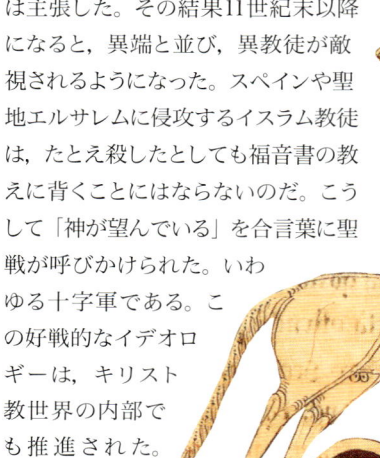

⇩グレゴリウス7世（12世紀中ごろ）――教皇グレゴリウス7世は，自らの名を冠した大改革を断行した。11世紀後半の数十年をかけて内部規律を強化し，教会の精神を刷新したのだ。婚姻の秘跡や赦しの秘跡は，カロリング朝時代に基本的な定義づけがなされていたが，この改革において最終的に確立された。

⬃（p.30下）白馬に乗り悪魔と戦うキリスト教騎士⇦イスラム教徒を攻撃するフランス軍――聖戦や十字軍の思想は，教皇グレゴリウス7世の好戦的な考え方に端を発している。イスラム教徒を攻撃する十字軍の騎士は，自らをサタンと戦う黙示録の白騎士になぞらえた。こうして，現代的な意味でのマニ教，すなわち善と悪の対立という二元論が生まれた。マニ教の開祖であるマニの思想と関係しているのは，その点だけである。

は，キリスト教世界が２つの教会に引き裂かれる姿を描いてみせた。２つの教会とは，聖ペトロの玉座を受け継ぐ真の教会であるカトリック教会と，反キリストや敵対者による偽りの教会である。偽りの教会は，悪魔が生み出す異教徒や異端者の教会である以上，神の名において排除しなければならない。それこそが正義なのだ。こうしてキリスト教騎士と異端審問官が，悪を排除する役目を担うこととなった。

❖11世紀に各地に広まった異端は，12世紀になると公然と姿を現した。それは，さまざまな聖職者や司教を含む，組織的な反カトリック集団だった。この異端者たちは，カトリック教会側からさまざまな名称で呼ばれたが，新約聖書の教えを厳格に守り，初期キリスト教徒にならい按手による洗礼を行なっていた点で共通している。……………………………

第 2 章

ヨーロッパのカタリ派教会

⇦殉教する初期キリスト教徒（13世紀）⇨ボゴミール派の共同墓地（ボスニア・ヘルツェゴヴィナ）——記録によれば，東ヨーロッパにボゴミール派が現れたのは，西ヨーロッパに異端が現れる30年ほど前のことだった。ボスニアやブルガリアには，中世の民衆による芸術的な記念碑が残っており，その一部はボゴミール派によるものと思われるが，多くは推測の域を出ない。しかし，サラエボにあるボスニア高官の石碑“ゴスト・ミルティン”は，同派のものと確認されている。

東ローマ帝国のボゴミール派

11世紀半ば，西方のキリスト教会と東方のキリスト教会は，三位一体神学にまつわる解釈の相違により分裂した。その結果，ローマ教皇庁を中心とするカトリック教会と，コンスタンティノープルの総主教を唯一の権威とみなす正教会が生まれた。東方の正教会は，異端の活動に対して，ローマ・カトリック教会とはきわめて対照的な態度を示した。確かに，正教会も異端を声高に非難したものの，カトリック教会のように弾圧・迫害するには至らなかった。正教会の支配する地域で火刑に処された者がいないわけではないが，それらはいずれも東ローマ帝国政府が処罰したに過ぎない。

東方では，10世紀半ばから，すなわち西方にマニ教徒や悪のしもべが現れる数十年前から，すでに同種の異端が生まれていた。たとえば970年ごろには，ブルガリアの司祭コズマが，異端を

⇨コンスタンティノープル総主教ミハイル1世を破門するローマ教皇レオ9世（15世紀のミニアチュール）――東西教会は1054年，ローマ教皇レオ9世とコンスタンティノープル総主教ミハイル1世（右）が相互に破門したことにより分裂し，そのまま現在に至っている。それ以来，両教会圏の文化，言語，政治的運命，宗教観など，すべてが異なる道をたどることになった。正教会側のカタリ派とも言えるボゴミール派やフンダギアタエ派は，カタリ派同様，キリスト教文化と一線を画するものではなく，次第にバシリオ会修道士の伝統のなかに取り込まれていった。

⇦ロバに乗って旅をする修道士

厳しく批判する論文を発表している。それによれば，“ボゴミール派”と呼ばれる人々が，正統教義から逸脱した教えに基づき，反教会的な行為をしているという。当時，修道衣に身を包んだボゴミール派の修道者の姿は，ブルガリア帝国一帯で見られた。コズマはこのボゴミール派について，信仰心が篤いことを露骨に見せびらかし，禁欲的な生活を呼びかけるような振りをして，か弱い民衆を誘惑していると述べている。そのほか，奇跡を起こすとされる彫像などを崇拝する教会の慣行を迷信的だと愚弄する，秘跡のあらゆる価値を否定する，男性はおろか女性の罪までも赦すと主張している，などと記した後，きわめてばかばかしいと一蹴している。

しかしボゴミール派は，ローマ・カトリック教会の同時代の異端に比べ，一歩抜きん出た存在だった。というのは，新約聖書と旧約聖書を対立的にとらえるなど，聖書をはっきりと二元論的に解釈していたと思われるからだ。この悪に満ちた地上世界を創造したのは，父なる神ではなく，神に反逆した天使の１人ルシフェルだと考えていたことからも，それがうかがえる。11世紀の間にボゴミール派の修道者は，東ローマ帝国の首都コンスタンティノープルの修道院にも，小アジアの広大な地域一帯にも見られるようになった。

12世紀に入って間もなく，そんなボゴミール派の重要人物だったバシレイオスという医師が，皇帝アレクシオス1世

⇩不正な管理者のたとえ話——11世紀の東ローマ帝国の異端関連資料は，同時代の西ヨーロッパの資料よりも詳細かつ豊富である。それによれば，東ヨーロッパに現れたボゴミール派は，1000年ごろに西ヨーロッパに現れた異端と一見きわめて類似している。既存の教会を辛辣に批判し，自分たちが定めたしきたりを厳格に実践するとともに，男女混成のキリスト教コミュニティを作り上げ，自分たちこそが真の教会だと主張した。そして修道者を志す者には，長い神学教育期間と修練期間を経た後に，按手による洗礼を行なった。こうして罪を赦したのである。記録によればボゴミール派は，ルシフェルの堕天の物語や“不正な管理者”のたとえ話（ルカによる福音書第16章1節）を重視し，聖書の二元論的解釈を発展させた。この世を創造したのはデミウルゴスだと考えていたらしい。

の命により火刑に処される事件があった。そのころになると，西方のカトリック教会でも再び異端が姿を見せるようになる。この異端は，間もなく軽蔑的に“カタリ派”と呼ばれるようになるが，それ以外にもさまざまな蔑称があったようだ。

⇖アレクシオス1世（11世紀）――異端の指導者バシレイオスとその弟子がコンスタンティノープルで厳かに処刑された事件は，『アレクシアス』に詳細に語られている。これは，時の皇帝アレクシオス1世の皇女アンナ・コムネナが，父の治世の歴史を記した韻文年代記である。

再び西ヨーロッパに現れた異端

グレゴリウス改革が行なわれていた11世紀後半，記録の上では異端の存在が確認されない時期がつづいた。しかし12世紀初頭になると，西ヨーロッパに再び異端が現れ始めた。1000年ごろに異端が現れた地域一帯で，再び異端の存在が確認されたのだ。これらの異端には，記録者や地域により異なる名称が与えられているが，その特徴はきわめて類似しており，同一のものと考えることができる。たとえば，イタリア北部の“パタリニ”，フランドル地方の“ピフリ（ピフレス）”，シャンパーニュ地方やブルゴーニュ地方の“ピュブリカン（プブリカニ）”，ラングドック地方の“ティスラン（織工）”などはいずれも，同じような主張を行ない，同じような規範に従っている。そして一様に異端者として追い回され，司教裁判にかけられ，怒りに駆られた群衆の目の前で生きながら焼かれた。12世紀前半の記録によれば，教会が絶えず監視の目を光らせていたにもかかわらず，このような例が後を絶たなかったようだ。12世紀半ばになると，教会はもはや何のためらいもなく，率先して異端者の弾圧・排除に乗り出した。

1135年前後には，神聖ローマ帝国領であるリエージュでも，司教命令により異端者の一斉捕縛や火刑が行なわれたという記録がある。実際，ケルンを中心とするラインラント大司教管区の広大

な地域が，福音主義運動の影響を深く受けていたようだ。1143年には，シュタインフェルトの修道院の高位聖職者であるエウェルウィヌスが，クレルヴォーのベルナルドゥスに警戒を促す手紙を送っている。クレルヴォーのベルナルドゥスとは後の聖ベルナルドゥスのことで，当時もっとも誉れ高い宗教的権威とみなされていたシトー会の重鎮である。このエウェルウィヌスの手紙は，カタリ派を知る上できわめて貴重な資料となっている。

ラインラント地方の“使徒”

エウェルウィヌスが手紙に記したのは，ケルン近郊で一斉捕縛された異端者に関する内容である。その公式裁判に立ち

⇧機織職人の工房（15世紀）⇦神学書を焼く異端者（13世紀）――12世紀になると異端は，農民から司教座聖堂参事会員まで，あらゆる社会階層に影響を及ぼすようになった。その信徒は，福音書に記された職業につくことを好んだため，職人の世界と結びつく場合が多かった。異端者は例外なく聖書に精通しており，過去の異端とは違い，新約聖書のすべての文言を受け入れていた。フランス語で異端を意味するhérésieは，“選択”を意味するギリシャ語に由来する。かつての異端は，聖書のすべてを受け入れず，その一部だけを選択して教義を構築していたからだ。

会っていたのだ。手紙によると，異端者たちは法廷で，聖書の文言を正しく引用し，大司教を前にして堂々と自分たちの神学的立場を擁護した。どうしても異端を改めようとしない者は，押し寄せる群衆に捕らえられ，火刑に処されたが，その死に様は，初期キリスト教の殉教者を思わせるほど勇敢だったという。

この異端者たちは自らを“使徒”あるいは“キリストの貧者”と呼び，独自の司教を立てて男女混成のコミュニティを形成していた。そして，1000年ごろに登場した異端同様，キリストの人性を否定し，聖体の秘跡に代えてパンによる簡単な祝福を行ない，按手による洗礼の秘跡で罪を赦していた。またボゴミール派同様，神学教育と修練という２段階に分けて教義の手ほどきを行ない，その過程で，単なる聴講者から信徒になる洗礼の儀式と，信徒から修道者になる叙階の儀式を行なっていた。

ラインラントの“使徒”は，1000年ごろにマニ教徒として断罪された異端のように，キリストの使徒を範とする生活を

⇩刑場に引き立てられる囚人（1490年ごろ）――12世紀になって最初に異端者として火刑に処されたのは，ソワソンの農民だった（1120年ごろ）。以来，12世紀全般にわたり異端弾圧の機運が高まり（下），司教の命令のもと，フランドル地方，ラインラント地方，シャンパーニュ地方のコミュニティが一掃された。特にラインラント地方では，エクベルト・フォン・シェーナウ，エリーザベト・フォン・シェーナウ，ヒルデガルト・フォン・ビンゲンたちが中心となり，異端との戦いを熱心に呼びかけた。その説教のなかで初めて，異端はペストやハンセン病と同一視され，異端者は狼や犬，狐，ハイエナ，雌ジャッカル呼ばわりされた。

⇦⇩ストラスブール大聖堂の彫刻――ラインラント地方のゴシック芸術は，ヒルデガルト・フォン・ビンゲンの戦闘的な態度を如実に反映している。ストラスブール大聖堂を飾る彫像は，美徳が悪徳を懲らしめる姿を表現している。

送り，ボゴミール派のように，自分たちこそが真の教会であると主張した。手紙からは，彼らがどのように聖書を解釈していたのかを読み取ることもできる。それによれば“使徒”は，神とこの世を対立的にとらえている新約聖書，とりわけヨハネの手紙一にならい，自分たち神の教会を世俗的なカトリック教会に対立するものと考えていた。正しいかどうかの基準は，使徒と同じ生活を実践しているかどうかにある。マタイによる福音書第7章の“よい木”のたとえ話に「あなた方は，その実で彼らを見分ける」とあるが，自分たちは贅沢に溺れることも，暴力を振るうこともない。一方，カトリック教会は贅を尽くし，権力を振りかざし，キリストの道を逸脱している。それが，カトリック教会のあらゆる正統性を否定する理由だった。

この2つの教会というテーマは，ローマ教会側が，異端の宗派を“サタンの使徒”と断罪するために1世紀以上にわたり利用してきた考え方だった。この論法を異端が逆手に取ったのである。しかしそのような考え方が，聖書に見られる二元論，神とこの世の間に潜在する対立関係に根差していることに変わりはない。ボゴミール派やカタリ派は，1000年ごろにあらゆるキリスト教徒に見られた善悪二元論

⇦聖ヨハネ（9世紀初め）──長らくカタリ派は，ヨハネによる福音書のみを信奉していたと言われていたが，実際には，新約聖書すべてと旧約聖書の一部の書を信仰のよりどころにしていた。とはいえ，使徒ヨハネの影響を強く受けていたことは間違いない。カタリ派もボゴミール派も，叙階の儀式の際には，ヨハネによる福音書の冒頭部分を唱えていた。また，次のようなヨハネの言葉をもとに独自の二元論を構築していた。「わたしたちは知っています。わたしたちは神に属する者ですが，この世全体が悪い者の支配下にあるのです」（ヨハネの手紙一第5章19節）

の論理を，11世紀から13世紀にかけて徐々に発展させていったのである。ラインラント地方では，この手紙から20年後の1163年にも火刑が行なわれたらしい。同地の修道士エクベルト・フォン・シェーナウが，その火刑の際に行なった異端者に関する説教が記録されているからだ。ただし，その内容はエウェルウィヌスの手紙の内容と類似しており，取りあげるべき情報は次の2点しかない。1つは，“サタンの使徒”が天地創造神話を二元論的に解釈していたということ，もう1つは，この異端を初めて“カタリ派（cathare）”と呼んでいることだ。このcathareという単語は，古代のマニ教の一派や教義に忠実な信者を指す語catharisteや，ネコを崇拝

する魔術師chatisteの通俗的な名称catiから生み出された造語である。だが当の異端者は，小アジアからアキテーヌ地方に至るどの地域でも，“キリスト者”“キリストの貧者”“使徒”としか名乗っていなかったようだ。

⇩カトリック教会とユダヤ教会堂の間に立つキリスト（左下『トゥールーズ慣習法』1296年，下『花の書』1448年ごろ）──

アルビ派に立ち向かうクレルヴォーのベルナルドゥス

ライン川のほとりにまで異端が広まっている事実をエウェルウィヌスより知らされてから数カ月後，クレルヴォーのベルナルドゥスは，高位聖職者からなる教皇特使を率い，トゥールーズへ向かった。南フランスの民衆に誤った福音を説いている旧来の宿敵，アンリという名の修道士を論駁《ろんばく》するためである。しかし1145年６月，ベルナルドゥスがトゥールーズやヴェルフェイユ，アルビに到着してみると，そこにいたのは宿敵アンリの信奉者ではなく，より先鋭化した一種の異端者だった。その人々の姿は，エウェルウィヌスの手紙の内容を彷彿とさせたに違いない。特使の一行はこの異端を，単に“アルビの異端者”と呼んだが，現在一般にカタリ派と呼ばれているのは，間違いなくこの異端者たちのことである。

異端者の主張によれば，キリストが伝えた福音は，旧約聖書を支配するモーセの律法に取って代わるものだという。

資料によれば，トゥールーズやアルビといった地域では，12世紀半ばになるころにはすでに，福音主義を唱える異端者があちこちに男女混成のコミュニティを形成していた。資料には，地元の小貴族に保護されて反教権主義を標榜し，ばか騒ぎを引き起こしていたとある。そこで，シトー会の重鎮であるベルナルドゥスや教皇特使の聖職者たちは，直接この人々の説得に乗り出した。すると，田舎の庶民たちはさほど深く異端の教義に感化されていたわ

⇦「祈る聖ベルナルドゥス」（1500年）――1098年にモレームのロベールにより創設されたシトー会は，1130年代以降“戦う教会”の急先鋒と化した。それは，信仰面でも学識面でも名声を博したクレルヴォーのベルナルドゥスの献身的努力の賜物だった。ベルナルドゥスは，十字軍を呼びかけ，テンプル騎士団の創設に手を貸すなど，12世紀のキリスト教世界に神聖なる教会への絶対的信仰を呼びかけた。しかし，ベルナルドゥス自身も，12世紀末から13世紀初頭にかけてシトー会から派遣された教皇特使も，異端に対する宣教運動を成功に導くことはできなかったようだ。このシトー会の失策が，ドミニコの召命およびドミニコ会の設立につながっていく。

けではなかったようで，これら権威ある聖職者の説教に真摯に耳を傾け，改心していったという。その後クレルヴォーに戻ったベルナルドゥスは，この経験をもとに，異端を激しく攻撃する一連の説教を行なった。こうしてシトー会は反異端宣教運動を唱導し，力による異端の弾圧および異端審問へと突き進んでいったのである。

しかしこうした努力にもかかわらず，それから20年後の1165年になると，同地域のロンベールに，同様の異端神学を信奉するコミュニティが再び現れた。当時このコミュニティを指導していたのは，アルビのカタリ派司教を務めていたシカール・セルリエだったと思われる。このコミュニティは，当地で副伯を務めるトランカヴェル家の庇護のもと開かれた公開討論の場でも，シトー会から派遣された高位聖職者に真っ向から対立した。ラングドック地方では当初から，この地域を治める貴族と異端とが結びついていたらしく，12世紀半ばごろからはカタリ派教会が公然と黙認され，勢力を広げていた。

サン＝フェリクスの異端会議

この貴族と異端との結びつきは，間もなく明白な事実として確認されることになった。オクシタニアのローラゲ地方，トランカヴェル家が治めるアルビ＝カルカソンヌ副伯領とトゥールーズ伯領の境界に，サン＝フェリクスのカストルムがある（訳注：カストルムとは，オクシタニアの要塞化された村を指す）。1167年，そのカストルムでヨーロッパの異端教会の代表者が一堂に会し，異端会議が開催されたのだ。議長を務めたのは，ボゴミール派のコンスタンティノープル司教ニケタスである。この会議の招集を率先して働きかけたのはトゥールーズの異端教会だった。この教会には叙階を受けた司教がいなかったため，ニケタスを西ヨーロッパに招き，司教叙階を要請したのだ。カルカソンヌやアジャンの異端コミュニティも事情は同じだった。一方，ラングドック地方でもっとも歴史が古いアルビの異端教会には，すでに独自の叙階を受けていた司教シカール・セルリエがいた。

このサン＝フェリクスの会議には，マルクスを中心とするイタリアの異端教会の代表や，司教ロベール・デペルノンが率いるフランス王国の異端教会の代表も出席した。ニケタスは，ラングドック地方の異端教会や異端コミュニティから選出された司教やマルクスに叙階を行なった。また，シカール・セルリエやロベール・デペルノンにも新たに叙階を行ない，出席者全員に改めて聖霊による洗礼を授けた。

ところで，20世紀前半の研究者の中には，この会議におけるニケタスの役割を過大に解釈し，ニケタスはカタリ派＝ボゴミール派教会の教皇だったと主張する者がいるが，それが事実でないことは文献を見ればわかる。ニケタスが西ヨーロッパを訪問したのは，当地の異端コミュニティに二元論的な信仰を説くためではなく，単に自分が保持している司教叙

⇩レーモン=ロジェの印璽——トランカヴェル家は，ベジエ副伯領，カルカソンヌ副伯領，アルビ副伯領を統合し，きわめて広大な地域を支配下に置くとともに，バルセロナ伯やトゥールーズ伯と同盟を結んでいた。この一族のなかで初めて激しい反教権主義を表明したのは，トゥールーズのアデライードと結婚したロジェ 2世である。ロジェ 2世は，異端を黙認するどころか好意さえ示し，カトリック教会から破門された。1194年に危篤状態に陥った際には，有名な異端者に息子の世話を頼んでいる。息子のレーモン=ロジェも異端を擁護し，1209年にアルビジョワ十字軍に殺害された。

階の権限を委譲するためだったらしい。ニケタスは，按手により使徒から代々聖霊を受け継いできた継承者の1人だった。その聖霊を授かれば，西ヨーロッパで独自に形成されていたカタリ派司教の系譜よりもはるかに信頼のおける，使徒の系譜につながることができる。おそらくニケタスは，すでにラングドック地方からラインラント地方にまで広まっている異端教会に，この聖霊を伝えに来ただけなのだろう。ニケタスがカタリ派教会に行なった演説の記録を見ても，司教を中心とするそれぞれのコミュニティが自立的に運営されるべきだと述べている。東ヨーロッパにおいて，管轄地域ごとに設立された教会が相互に良好な関係を保っていることを引き合いに出し，「同じように行ないなさい」と忠告したという。

ニケタスは，中世の記録者により"Papaniceta"などと表記されたため，サン=フェリクスで正式に創設されたカタリ派=ボゴミール派教会の"pape（教皇）"と解釈されることもあった。しかし実際には，ボゴミール派の一司教に過ぎず，各教会が自立的に運営されるべきことを説きに来ただけだった。

西ヨーロッパのカタリ派司教区

実際，この異端会議で重大な議題となったのが，トゥールーズとカルカソンヌの異端教会の管轄地域の境界の設定だった。こうした例からもわかるように，当時カタリ派は各地に分散して勢力を広げ，教会ごと，司教区ごとに組織化されつつあった。エウェルウィヌスがベルナルドゥスに警告の手紙を送ってから四半世紀後には，ヨーロッパのかなり広い地域に異端のコミュニティが根づいていたことになる。

では，カタリ派教会は当時どのように組織化されていたのだろうか？　ラインラント地方では，12世紀半ばまでにはすでに司教を指導者とするコミュニティが形成されていたらしい。エクベルト・フォン・シェーナウが1163年に行なった説教の中で，ボンのカタリ派にもマインツのカタリ派にも司教がいたと述べているからだ。しかしサン＝フェリクスの会議には，ラインラントの異端教会の代表は出席していない。エ

クベルトが立ち会ったというあの火刑により，この地方の異端組織が一時的にせよ壊滅させられたからだろうか？

しかし，フランス王国の異端教会の代表は，司教ロベール・デペルノンに率いられ，サン＝フェリクスの会議に姿を見せている。実際1000年ごろから，ヴェルテュス，シャロン，ランスを中心とするシャンパーニュ地方で，異端の報告が頻繁に行なわれている。また，ヴェズレーやヌヴェールなどのブルゴーニュ地方で，異端が弾圧を受けたという記録もある。おそらくフランス王国では，これらの地域がまとまり，境界のはっきりしない広大なカタリ派司教区を構成していたようだ。ソワソンやフランドル地方のコミュニティもこの司教区に含まれていたのかもしれない。

しかし，きわめて広大だったとはいえ，この司教区にさほど多くの異端コミュニティがあったわけではなさそうである。たった1人の司教で全体を統括できる程度だったからだ。同じくたった1人の司教マルクスに率いられたイタリアの異端

⇧第4ラテラノ公会議（1215年開催）――サン＝フェリクスの異端会議の様子も似たようなものだったのではないかと思われる。ニケタス司教は，教皇インノケンティウス3世（右端）のように会議を取り仕切ったのだろう。しかしニケタスは，叙階の儀式を執り行なったに過ぎない。カタリ派の各コミュニティにかかわる決断を下したのは，そのコミュニティ自身だった（カトリックの公会議とは違い，異端会議には女性も出席していた）。

⇦ラングドック地方に設立されたカタリ派教会（司教座と助祭座）——この地図を見れば，異端の中心地は，現在カタリ派遺跡の観光地として有名な地域（コルビエール地方，ミネルヴォワ地方，ピレネー地方）ではなく，ローラゲ地方一帯だったことがわかる。肥沃な平野に恵まれ，交易拠点として栄えたその辺りには，トゥールーズからアルビ，カルカソンヌにかけて小さな村やカストルムがひしめき合っていた。

教会も，サン＝フェリクスの会議の時点では，同じような状況だったと思われる。しかし，フランス王国の異端教会が，13世紀半ばに最終的に撲滅されるまで統一を保っていたのに対し，イタリアの異端教会は間もなくいくつかの教会に分裂していった。

一方ラングドック地方では，これらの異端教会とはきわめて異なる様相を示している。1167年の異端会議は，トランカヴェル家に仕えるサン＝フェリクスの領主のカストルムで行なわれた。ヨーロッパ全域で非難・告発されている司教や修道者が集まったにもかかわらず，公然と黙認されたのだ。この事実からもわかるように，アルビからトゥールーズにかけての地域では，カタリ派は決して異端ではなかった。12世紀半ばにはすでに，この辺りにかなりのカタリ派信徒が住みつき，カルカソンヌ，トゥールーズ，アジャンの各コミュニティで教会設立が叫ばれるほどの発展を見せていた。実際，アルビでは司教を中心とする教会がすでに設立されていた。ラングドック地方のカタリ派を“アルビジョワ派”と呼ぶことがあるのは，トゥールーズやカルカソンヌ，アジャンの司教に比べ，アルビの司教にそれだけ歴史があるからである。

やがてラングドック地方に４つの異端教会が生まれ，ナルボンヌ，カルカソンヌ，トゥールーズ，アルビ，カオールといったカトリック教会の教区を分割して管轄するようになった（後にアジャンの教会が加わり５つとなる）。こうして，トゥールーズ伯領，フォワ伯領，カルカソンヌ，ベジエ，アルビ，リムーの各副伯領で，数多くのカタリ派信徒が組織化され，大きな障害もなく信仰生活に邁進していった。カタリ派信徒はこの地で，紛う方なき恩寵の時代を迎える。

⇦⇩モンゾネス教会（オート＝ガロンヌ県）の頭像――12世紀末，イタリアのカタリ派教会はいくつもの教会に分裂し，相対立することになった。教義上の違いがあったわけではなく，ニケタスに叙階を施した修道士に品行の問題があったという風聞が伝えられ，ニケタスから授かった秘跡の有効性に疑問が投げかけられたためである。13世紀の異端審問官は，このカタリ派内部の不和を大いに利用して弾圧を図ろうとしたが，大した成功を収めることはできなかった。

❖カタリ派信徒が火刑に処されていたラインラント地方やシャンパーニュ地方とは対照的に，ラングドック地方では，カストルム内の路地にカタリ派信徒の修道施設を設置することさえできた。カストルムが〝カタリ派の城〟だったのだ。トゥールーズからカルカソンヌにかけての一帯では，この異端を信じていれば，間違いなく神の救済に与ることができると考えられていた。……………………………………………………………………………

第３章

恩　寵　の　時　代

⇦ペルペルテューズ城⇨竜を退治する騎士を表すRの飾り文字（グレゴリウス1世著『ヨブ記講解』より，12世紀初めの写本）――竜を退治した聖ゲオルギウスにならい，西ヨーロッパの騎士は，教皇の命を受け，異端を容認する罪を犯した君主や騎士を討つべく十字軍に参加した。

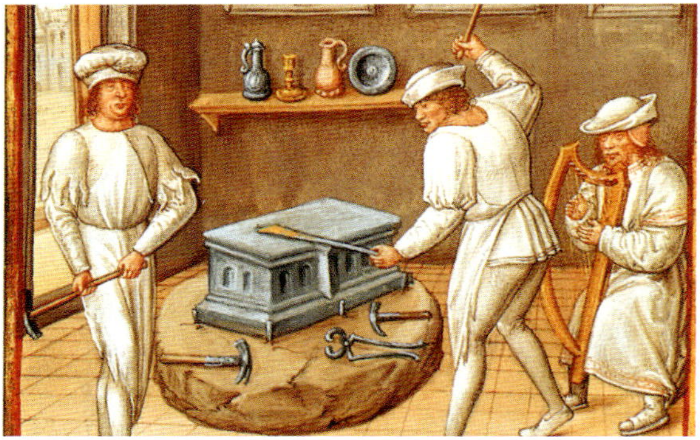

オクシタニアのカストルム

中世のオクシタニアの村には，中心となるものが2つ存在した。1つは領主の城館である。村の通りは，この城館を取り巻くように同心円状に配置されていた。もう1つは広場である。そこでは商人や職人，農夫などの村民が，役人や騎士，貴族の婦人と交流を重ねていた。つまりオクシタニアの村には，ほかの地域とは違い，社会階層間の交流を促す住環境が備わっていた。ちなみに当時の社会には，3つの身分があった。祈祷を行なう修道士や聖職者，戦闘を行なう王や領主や貴族，労働を行なう農夫や職人などその他大勢の民衆である。

当時のヨーロッパでは，農地を見下ろす高台に城塞が築かれ，そこに居を構える貴族と，裾野に暮らす民衆とが隔絶されているのが一般的だった。そのような中，イタリアからオクシタニアのガスコーニュ地方にかけての地域では，階層間の交流が絶えない村が生まれていたのだ。確かにこの地域の村民も，移動を制限され，領主の権力や保有地システムに縛られてはいた。しかし，領主や貴族から離れ

⇦ブラン村（ローラゲ地方）――最近の考古学の進歩により，村の要塞化の実態が明らかになってきた。11世紀から14世紀にかけての南ヨーロッパでは，村が円形にまとまり，1つの要塞と化していた。領主の城館を中心とするものを城塞村，小教区教会を中心とするものを教会村という。

(⇦p.50) 鍛冶屋(15世紀)
⇩3つの階級それぞれの親交風景(15世紀)――“カタリ派の城”とは，現在の観光産業が紹介しているようなものではなく，聖職者，貴族，民衆のざわめきに満ちた村だった。ラングドック地方のカストルムは，やがて“カタリ派の城”からフランス王国の国境を守る城塞へと変貌していく。フランス王は，アラゴン王国との国境に近いこの地域を支配下に収めると，13世紀末から14世紀初頭にかけて城塞を築き，16世紀まで維持・補修していた。

て生活していたわけではない。村民の家は，丘の頂に立つ領主の城館を取り巻くように並んでおり，その家々を囲む形で城壁がめぐらされていた。こうした形態の村をカストルムという。ラテン語のカストルムは，一般に城塞を意味するが，南ヨーロッパでは要塞化した村を意味した。

12世紀末から13世紀初頭にかけて，ラングドック地方にカタリ派が定着し，司教区の組織化が進んでいたころには，こうしたカストルムが数多く存在していたようだ。各カストルムには人があふれ，鍛冶や機織などの音が響き渡り，市場がにぎわいを見せていた。そこでは，村民から選出された

⇩狩猟官に指示するガストン・フェビュ（ガストン・フェビュ著『狩りの書』，15世紀）——複数の副伯領を治めていたトランカヴェル家，トゥールーズ伯，フォワ伯など，オクシタニアの君主の一族は，ヨーロッパの封建社会では一般的な父系の長子相続を，12世紀になってようやく導入した。フォワ伯家は，きわめて早い時期からカタリ派を受け入れていた。フォワ伯とベアルン副伯を兼ね，さまざまな著述で知られるガストン・フェビュの曽祖父母は，どちらもカタリ派信徒だった。

執政官が行政を担当し，領主の権力を抑えることもできたという。貴族階級も活気にあふれていた。ゲルマンの慣習法に従う地域では，伝統的に父系制が支配的で，封土の領主の長男がすべての土地や権利を相続していたが，オクシタニアの貴族にはまだそのような習慣はなかった（この地域に父系制や長子相続権が広ま

るのは，フランス王国に征服されてからである)。たとえば，1230年ごろのローラゲ地方のマ＝サント＝ピュエル領を見ると，５人の兄弟で領地を分割し，共同で統治を行なっている。このように，ローマ帝国起源の慣習法が支配するオクシタニアの封建社会では，兄弟，従兄弟，又従兄弟などが共同領

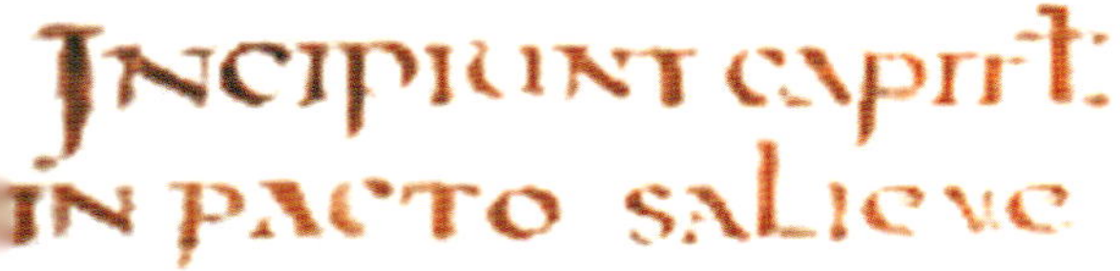

主となり，ともに権限を行使し，収入を分け合っていた。共同領主に従姉妹が加わっていた例もある。

大所帯となった貴族の中には，由緒ある城館に住む場所がなくなり，村内のより快適な館で暮らす者もいた。村民から住まいを借りる者もあったという。村にはさらに，田舎騎士やその一党（夫人や従者など）も住んでいた。これら貴族階級の人間は，カストルムの路地で小売商や農民と触れ合い，執政を担当する村民と折り合いながら生活していた。まさに身分を越えた交流が行なわれていたのだ。聖職者も例外ではない。よそでは異端とされるカタリ派修道者も，この地域では“よきキリスト者”“よき男”“よき女”と呼ばれ，民衆や貴族が行き交う同じ路地に修道施設を開いていた。このような社会構造が，カタリ派の隆盛を招いたと言っていい。当初カタリ派は貴族の間に流行していただけだったが，カストルムの民衆は，貴族の文化こそ従うべき手本だと考えていた。

⇧サリカ法典の写本（8世紀）──オクシタニアの伯や副伯の封臣や陪臣は，君主とは異なり，多くが領地を共同統治していた。家系によっては女性が領主になることもあった。一方，カペー朝フランス王国では，サリカ法典に基づき，女性が王位を継承することを禁じていた。オクシタニアの騎士は，一般的に田舎じみていてみすぼらしく，グレゴリウス改革や聖杯伝説を経て神聖化されたフランス王国の騎士とは対照的だった。

⇦騎士（コルド村の大狩猟官邸）

貴族階級に広まるカタリ派

1145年，アルビやトゥールーズを訪れたベルナルドゥスが目のあたりにしたように，ラングドック地方の村々の貴族階級には，教権に対してあからさまな反感を抱いている者が多く，それが異端に共感を寄せる原因になっていた。トランカヴェル家やトゥールーズ伯の封臣には中小貴族が無数におり，いずれも貧しかったがプライドは高かった。こうした貴族は，身分相応の生活をするために，本来農民が教会に支払うべき税や賦課金を着服していた（教皇庁がグレゴリウス改革以来徴収していた10分の１税など）。カストルムに暮らす小領主にとって，贅沢な生活をしている聖職者や豪奢な修道院は，無茶な政治的要求を突きつけてくる敵でしかなかったのだ。領主たちは聖職者をあざけり，城館の中で独自の世俗文化を開花させた。それは優雅で知的，時に自由主義的な文化だった。その文化の中心となったのが，トルバドゥールと呼ばれる吟遊詩人である。トルバドゥールは，世俗的な愛を謳いあげるとともに，金持ちやローマの聖職者を痛烈に風刺した。こうして領主や騎士は，もう１つのキリスト教会として現れてきたカタリ派に，自然と好意を

⇧笛を吹く男と玉を操る子供（11世紀中ごろ）⇦捧げものと饗宴（13世紀）――さまざまな様式で“宮廷風恋愛”を謳いあげたトルバドゥールは，2世紀にわたり宮廷や貴族の館でもてはやされた。その活躍の場は，リムーザン地方からプロヴァンス地方にまで，あるいはイタリアからカタルーニャ地方にまで及ぶ。つまりこの世俗的な愛の歌は，オクシタニアの“カタリ派の地域”を越える広まりを見せていたことになる。だが13世紀に異端が撲滅されるに伴い，衰退する運命をたどった。トルバドゥールが称揚する既婚の貴婦人は，もはやこの世のものではなく，天上の聖母マリアを思わせた。

寄せるようになった。カタリ派は当時，カトリックと同じような司教制度のもとに組織化され，この地域の村に修道施設を設立していたが，税や賦課金を要求することはなかった。それどころか，生きていくために働くのみで，現世での栄華や成功にまるで関心を示さない。ヨーロッパのほかの地域で異端として非難されていたとしても，カタリ派はきわめて道義にかなった集団だった。

カタリ派はまた，貴族の女性からも支持を受けた。ラングドック地方の貴族社会において既婚婦人は，その真心や貞淑な愛がトルバドゥールの歌の格好の題材になるほど称賛される存在だった。また，オクシタニアの慣習法により，財産

⇩レーモン・ド・ミラヴァル――レーモン・ド・ミラヴァルは，カバルデという小さなカストルムの共同領主でありながら，

トルバドゥールとしても有名だった。トゥールーズ伯レーモン6世と親しく，カバレやセサックの領主の館や，ミラヴァルやオープールのカタリ派修道女の家で，カタリ派信徒を前に愛の歌を巧みに紡いでいたという。やがてアルビジョワ十字軍が攻めてくると，心を揺さぶる文句でアラゴン国王ペドロ2世に援軍を請うた。「カルカソンヌを取り戻せば，偉業を成し遂げた皇帝と称賛されることでしょう。（……）そのあかつきには，ご婦人も，ご婦人を愛する殿方も，失われてしまった愛の喜びを再び取り戻すことができます」

1213年，ペドロ2世はレーモン6世側に立って参戦するが，ミュレの戦いで命を落とすことになる。当のレーモン・ド・ミラヴァルはモンフォールに財産を没収され，追放先のレリダで客死した。

や権限の相続，領主権の共有を認められてもいた。しかしそうした幸福とは裏腹に，修道生活へ入る道は閉ざされていた。ボルドーからモンペリエにかけての一帯には，女子修道院がほとんどなかったのである。そのため，妻として，数多くの子供の母親としての生活を終え，あとは天国に迎え入れられるよう信仰に生きたいと願う婦人たちは，カタリ派に関心を寄せた。ローマとは無関係のカタリ派は，女性にも幅広く門戸を開いており，女性の司教さえ認めていたからだ。トルバドゥールの称える“麗しき婦人”はカタリ派の修道女となることで，信仰生活を全うできるようになった。一家の良心の指導者として尊敬され，生涯を終えたのである。マ＝サント＝ピュエルの5人の共同領主の母親であるガルサンドも，そんな修道女の1人だった。

こうしてカタリ派は，ラングドック地方の貴族階級の支持を着実に増やしていった。1145年にヴェルフェイユやアルビで，1165年にロンベールで，カトリックの高位聖職者とカタリ派司教の代表団との公開討論が開催されると，出席した貴族は公然とカタリ派を支持した。ロンベールでの討論の際には，その地域を治めるトランカヴェル家までもがカタリ派を擁護したため，カトリック側には打つ手がなかった。せいぜい司教を名乗るシカール・セルリエを弾劾し，ロンベールの共同領主に訓戒を垂れることができた程度である。1177年には，カトリックを熱心に信奉するトゥールーズ伯レーモン5世が，シトー会の総参事会に苦悩に満ちた手紙を送っている。トゥールーズ伯領やその近辺の土

⇨悪魔の所業（『愛の聖務日課書』13世紀末～14世紀初め）――オクシタニアに無数にいた貴族は，トルバドゥールを中心とする世俗文化の影響を強く受けていた。また，習慣的に土地を分割相続していたため，貧しい場合が多かった。その結果，自然と自由主義的・反教権的な思想を抱くようになった。しかしそんな貴族たちも，カタリ派の修道者には敬意を払っていた。世俗的な要求を一切しないカタリ派教会を好意的に見ていたことは間違いない。フランシスコ会修道士マトフル・エルマンゴーは，宮廷の様子を表した『愛の聖務日課書』を著し，貴族のモラルを高めようと努めた。

⇧14世紀の女性のデスマスク。

地に勢力を広げているカタリ派に対し，精神的・軍事的援助を強く求める内容だが，そこには次のように記されている。「私は両手を縛られたも同然です。封臣も陪臣もこぞって異端を受け入れ，公然と擁護しています」

実際，ラングドック地方の村では，カタリ派の修道施設にいる者の大半が中小貴族だった。君主もカタリ派を受け入れていた。カルカソンヌ，アルビ，ベジエの副伯を務めるトランカヴェル家のロジェ2世は，トゥールーズ伯家からめとった妻アデライードとともに，異端の修道者や信徒と親しく交流していた。12世紀末には，フォワ伯家の婦人数名がカタリ派の修道者となった。トゥールーズでは，レーモン6世が1194年に伯を継ぐと，父のレーモン5世が受け入れようとしなかったカタリ派修道者やそのトゥールーズ司教に対し，寛容な態度を示すようになった。

当時のラングドック地方で，カタリ派こそが神の救済に与る最善の手段だと考えられていたことは間違いない。いずれにせよ，領主層の支持を受けたカタリ派教会には，もはやその発展を妨げるものは何もなかった。そのころヨーロッパ各地で異端が告発され，火刑に処されていたにもかかわらず，ラングドック地方では領主層の庇護のおかげで，カトリック教会の弾圧を免れることができたのである。

⇦王と王妃（12世紀末⇨p.59下），トゥールーズのロマネスク芸術の彫像（1207年）――オクシタニアの貴族社会は，イタリア諸都市の貴族社会同様，教養に富んでいた。それは，トゥールーズの彫像や，レーモン6世の印璽を見れば明らかである。このような環境のなか，カタリ派の修道者も著述を行なった。現在，カタリ派が記した書物は5つ残っている。3つはイタリアで発見されたもので，ヨハネス・デ・ルギオが著したスコラ的な『二原理の書』（1240年ごろ），その末尾に書き写されていたラテン語の典礼書，現在ダブリンに保管されているアルプス地方のオック語の典礼書（14世紀末）である。残りの2つは，作者不明のラテン語の文献（1220年ごろ），およびリヨンに保管されているオック語の典礼書で，ラングドック地方で発見されたものだ。

⇧トゥールーズ伯レーモン6世の印璽

⇦リヨン典礼書（1250年ごろ）——新約聖書すべてをオック語に翻訳したカタリ派聖書の写本の末尾に書き写されていたもので，現存するカタリ派唯一の彩色写本である。写真は，集団悔悛の儀式セルヴィシの冒頭部分で，次のように記されている。「私たちは神の前，あなたの前，聖なる教会の修道会の前に来ました……」

俗世に生きる修道士

中世ラングドック地方の社会では，このように上から，つまり支配者層からカタリ派の福音主義が浸透していったようだ。カストルムが，階層間の交流にきわめて都合のいい環境だったことを思い出してほしい。カストルムの文化を先導する貴族階級がある宗教的選択をすれば，それはまるで流行現象のように，ほかの社会階層にも飛び火していく。貴族階級の婦人がカタリ派の説教師に心酔し，修道生活に飛び込んでいくさまを見れば，職人や農民の妻もカタリ派を信奉しようという気になっただろう。村の民衆は，領主層が公然とカタリ派を支持している以上，カタリ派こそが正当なキリスト教だと考えたに違いない。

しかし，カタリ派が民衆に支持されたのは，上からの影響があったからだけではない。カタリ派の活動そのものに，正当なキリスト教として大衆の支持を集める理由があったのだ。

当時，トゥールーズ伯，フォワ伯，カルカソンヌ＝アルビ副伯の封臣の数多くの領地，あるいは北部イタリアの諸都市では，領主の庇護のもと，司教区ごとに組織化されたカタリ派教会が，村の中央に修道施設を構えていた。こうした地域のカタリ派教会は，まさに使徒時代の教会を彷彿とさせるものだった。13世紀初頭までのカトリックの修道士は，辺鄙《へんぴ》な谷間などに修道院を建て，そこに隠遁していた。大衆の前に姿を見せるのは，冷ややかな口調で教えを説くシトー会の説教師だけだった。それとは対照的に，カタリ派の修道施設は村の路地に建っていた。これは，街中で修道生活を行なう後の托鉢修道会（訳注：ドミニコ会，フランシスコ会などの都市に広まった修道会）を先取りするものだった。

さらにカトリックの修道院と違う点は，修道院を囲む柵が

⇨カルカソンヌの街（上）とフォワ城（下）――フォワ城カルカソンヌ副伯領，フォワ伯領，トゥールーズ伯領には，数多くの村にカタリ派の修道施設があった。なかでも女子修道施設は，施療院のような役割を果たしていた。修道女たちは，村民を食卓に招き，病人の世話をし，旅人を迎え入れ，貧者に救いの手を差し伸べた。カタリ派教会の女性たちは，カトリック教会の修道女よりも幅広い分野で積極的に活動していた。

まったくなかったことだ。修道者は自由に修道施設の外へ出られるとともに，誰でも修道施設の中へ入ることができた。このような開放的な環境で，祭礼や儀式，禁欲的な信仰生活がいわば公然と行なわれていたのである。そのため村民は誰でも，黒服に身を包んだ修道者の信仰生活を，自分の目で確認することができた。実際，修道者たちは修道施設の中で，使徒の手本に厳格に従い，清貧・純潔な禁欲的生活を送っていた。福音書の教えのみに従い，

⇩修道女の慈善活動（13世紀初め）――カタリ派の修道女は，修道士同様に説教を行なうことができた（信徒の家に集まった女性の前で説教をする場合が多かった）。それどころか，必要があれば，魂の救済の秘跡を授けることも可能だった。アルビジョワ十字軍により大勢が火刑に処されたにもかかわらず，異端審問が猛威を振るうようになるまで，カタリ派の修道者のなかに女性が無数にいたのは，女性に霊的・宗教的権限が認められていたからにほかならない。それがオクシタニアでカタリ派が隆盛する一因となった。

一切の肉食を断ち，動物を殺すことさえ認めず，生活のために自らの手で働いていた。修道施設はさらに，仕事場，学校，施療院も兼ねており，村民にとって身近な，信頼のおける信仰の場であった。

修道施設には毎月助祭が訪れ，集団悔悛の儀式を執り行なった。カトリックでいう告白の祈りのようなものである。助祭は各教会の司教団により指名され，司教団は，司教と2人の司教補佐（“大子《フィス・マジュール》”と“小子《フィス・ミヌール》”）が長を務める委員会により組織されていた。司教が死亡したときには，すでに司教の叙階を受けている大子がこれを継ぎ，さらに小子が大子に昇格し，新たな小子は教会により選任される。こうした組織の仕組みもまた，原始キリスト教会を想起させる。カタリ派教会はいわば，俗世に生き，俗世で活動する独立した複数の司教区教会から構成される，原始的な修道会だった。修道者は，修道生活を送りながら俗世に身を置いていた。信徒は，そんな修道者に会うたびに儀礼に従って3度お辞儀をし，修道者の祝福や神の祝福を求めたのだった。

⇨悔い改める放蕩息子——カタリ派の信徒が修道者に会うと，3度深々と身をかがめ，3重の祝福を求める挨拶を行なった。まず「よきキリスト者よ，神の祝福とあなたの祝福を」と言い，3度目に身をかがめるときにこうつけ足す。「私をよきキリスト者となし，よき最期に導いてくださいますよう神にお祈りください」。修道者は，祝福によりそれに応えた。致《ち》善礼《ぜんれい》（メリョラメント）と言われるこの挨拶は，異端審問官の間ではアドラティオと呼ばれ，カタリ派を信仰している証拠とされた。審問官の前でこの挨拶を行なっていたことを白状した者は，「“よきキリスト者”は異端であることを知りながら，その異端により救われると信じていた」ことを認めたものと見なされた。また信徒は，秘跡に参加し，修道者とともに祝別されたパンを分かち合った。

福音を伝える説教師

カタリ派の修道士は，使徒と同じ生活をすることで，自ら手本を示して民衆を教導するだけでなく，説教も行なった。訪れた家で福音を説き，自分たちが記した書物を読みあげ，聖書の一節の解説を行なうと，聴衆は熱心に耳を傾けた。カトリック教会の聖職者は，説教の際にもラテン語の聖書しか使わなかったが，カタリ派はロマンス語に翻訳された聖書を使用しており，誰でも理解することができたからだ。これもカタリ派が普及する一因となったことは間違いない。

こうした説教者は，聖書を論拠に，救済されるためには改宗が必要だと説いた。とりわけカタリ派が強調したのは，キリストが告げ知らせた神の王国とは，目に見えないあの世のことであり，「この世のものではない」ということだ。カタリ

⇧『教訓をさずかるオウィディウス』（クレティアン・ルグエ著，14世紀）のミニアチュール――カタリ派の修道士が説教壇で教えを説くことはなかったと思われる（ただし，学校における教理教育や，モンセギュールのギラベール・ド・カストルのような錚々たる人物が行なう説教などの場合は例外である）。一般的にカタリ派の説教は，個人の家に家族や隣人を集め，そのなかでひっそりと行なわれた。

派は，キリスト教世界に伝わるルシフェルその他の天使の堕天の伝説や，黙示録に記された大天使と悪の竜との戦いの物語から，二元論を導き出した。善意と愛情に満ちた神を，憎しみや嘘，死にまみれたこの世に対置させる二元論である。さらに，神の絶対的な権力よりも神の善意に重きを置き，新約聖書と古代の律法さえも対立的にとらえた。つまり，創世記に記された妬み深い暴力的な創造主ヤハウェと，キリストが告げ知らせた父なる神は同一ではないと考えたのである。

カタリ派は，聖書をもとに天使の堕天の物語を論理的に再構成し，人間の魂とは，悪に満ちたこの世に堕ち，肉の牢獄に捕らわれた天使だと解釈した。カタリ派はしばしば説教の中で，福音書の「よい木と悪い木」のたとえ話を引用している。それによれば，よい木にはよい実が，悪い木には悪い実がなる。ということは，目に見えない輝かしい世界こそが神のものであり，堕落や死が刻印されたこの世は神のものではない。それは，ルシフェル，あるいはサタンと呼ばれる悪しき創造者のものなのだ。竜によりルシフェルとともに聖なる創造世界から引きずり落とされた天使たちは，人間の魂となり，この世の牢獄から解放されるのを待っている。その解放こそがキリストによる救済だった。

このような世界観は，現代人には奇妙に思えるかもしれないが，当時のキリスト教文化の中に，ごく自然に内在していたものだった。カタリ派は，聖書に関するあらゆる資料をもとに，この世界観

⇦反逆天使の堕天（『ベリー公のいとも豪華なる時祷書』より，15世紀初め）――天使の堕天の物語は，中世キリスト教世界で広く語られていたものであり，この物語自体が異端であるわけではない。カタリ派はそこに，魂が純潔である印を読み取った。魂とは，神が善なるものとして生み出したものの，意に反して引きずり落とされてしまった天使なのだ。カタリ派は自由意志を，人間を誘惑しようとする悪魔の巧妙な詐術であるとして否定した。神の天使に悪を選ぶことなどできはしない。解放のときまで，ただ悪を耐え忍ぶことしかできない。その悪からの解放を告げ知らせに来たのが，キリストである。キリストは，神の民のよき羊飼いとして，父なる神のもとからこの世に現れ，この世に囚われた天使＝魂に解放を告げに来た。それが福音なのだった。カタリ派は，祈祷文として“主の祈り”のみを採用し，救慰礼の秘跡の前に厳かに朗唱していたが，なかでも「私たちを悪い者から救ってください」という文言をきわめて重視していた。

⇦よき羊飼いの彫像。

（⇦p.66上）ピュイローランス，（⇦p.66下）ラストゥール，（⇦p.67上）ピュイヴェール，（⇦p.66～67）——さらにペルペルテューズ，テルム，ケリビュス，ロクフィサード……。“カタリ派の城”と銘打たれたこれらの遺跡は，毎年夏になると大勢の観光客でにぎわっている。観光客はそれでカタリ派の聖地を巡礼した気になっているのかもしれないが，これらの壮麗な石の城は，実はカタリ派でなくフランス王国が築いた城塞である（だからと言って観光客の関心が薄れることもないだろうが）。フランス王国はラングドック地方を併合した後，1258年にアラゴン王国とコルベイユ条約を結び，両国の国境を画定した。これらの城は，その国境を守るために，フィリップ3世やフィリップ4世が13世紀末に建造した砦なのだ。16世紀まで改修しながら使用されていたが，1659年のピレネー条約によりその戦略的意味を失った。

を生み出した。そして，唯一の真なる神が“サタンの支配する”この世に息子キリストを遣わしたのは，失われた羊（引きずり落とされた天使）を救済し，故郷である天国へ連れ戻すためだったと考えた。

魂を救済する修道者

つまり，カタリ派から見れば，父なる神が息子をこの世に遣わしたのは，苦しみを受けるためでも十字架上で死ぬためでもなく，福音を伝えるためだった（そのため，キリストは単に人の姿をとって現れたに過ぎず，悪魔が生み出した肉体に宿っていたわけではないと考えた)。キリストは，地に引きずり落とされた天使に，この福音を通して失われた王国や神の愛を思い出すよう働きかけた。この魂を覚醒させるメッセージを全人類にもたらすことが，使徒の使命なのである。

さらにキリストは，天に戻る前に，“生活の規範”を使徒に教えた。カタリ派は，その規範を“正義と真実の道”と呼んで忠実に守り，暴力，嘘，宣誓を禁じた。そしてそれを根拠に，使徒の直接の後継者を名乗り，キリストが使徒に授けた赦罪の権限は自分たちに託されていると主張した。カタリ派が真のキリスト教会を自認する根拠はそれだけではない。祈祷文には，唯一キリストから与えられた“主の祈り”のみを採用していた。またキリストにならい，“よきキリスト者”の並ぶ食卓で，祝別したパンを神の言葉として分け合っていた（つまりプロテスタントの聖餐式同様，パンやワインの中にキリストの体と血が実在するとは考えない)。さらに，罪を赦し，魂を救う秘跡として，聖霊や按手による洗礼を行なっていた。カタリ派によればこれは，

⇧“魂の計量”（オータンのサン=ラザール大聖堂，12世紀）――魂の救済というテーマは，中世の宗教芸術のモチーフとして頻繁に登場する。
⇖玉座のキリスト像。

古代キリスト教会で行なわれていたことが証明されている儀式であり，新約聖書に基づく唯一の秘跡であった。

こうしてカタリ派は，ラングドック地方各地の村で，“魂を救う大いなる権限を持つよきキリスト者”とみなされるようになった。使徒を範とする禁欲的な生活を送っていたことも，カタリ派の正当性を高めるのに一役買ったようだ。カタリ派

カトリック教会がカタリ派を異端とした最大の理由は，聖書の二元論的な解釈にあったわけではないと思われる。そのような考え方は時代の風潮であり，カタリ派も徐々にこうした思想を発展させていったに過ぎない。それよりも重大なのは，カタリ派が，キリストは神性のみを備えていると考え，その人性を否定した点である。それは，キリスト単性説，キリスト養子説，アリウス主義など，古代キリスト教時代の著名な異端を彷彿とさせるものだった。カタリ派は独自の仮現説を打ち立てた。つまり，キリストは神の息子もしくは神の天使だが，聖母マリアの肉体を借り，外見上人の姿をとってこの世に遣わされただけだと考えた（マリアも天使と見なす場合もある）。そのためカタリ派は，十字架を神聖視しなかった。十字架は拷問や死の道具であり，悪に属するものでしかない。そもそも，この世が悪魔のものである以上，キリストや使徒が迫害されるのは当然である。カタリ派によれば，キリストがこの世に派遣されたのは，苦しむためでも死ぬためでもなく，聖霊による洗礼と福音で救われることを知らせるためだった。つまり，カタリ派が異端とされたのは，受難よりも聖霊を重んじたからにほかならない。

は，神の被造物である魂はすべて「善であり，あらゆる魂が平等に救われる」と説き，永遠の劫罰に苛まれていたキリスト教徒に希望を与えた。そしてあらゆる信徒に，救済されるための方法を教えた。その方法とは，福音の教えを遵守し，救慰礼《コンソラメント》の秘跡を受け，“よきキリスト者”となることである。この独自の秘跡は，カトリック教会の洗礼の秘跡，赦しの秘跡，叙階の秘跡，終油の秘跡に代わるものだった（“コンソラメント”という名称は，使徒ヨハネが聖霊につけた名前“慰め主”に由来する）。

11世紀から14世紀にかけて，カタリ派教会とボゴミール派教会が，その聖書解釈に無数の細かい差異があったにもかかわらず同一視されたのは，この按手による独特の秘跡が共通していたからだ。この秘跡は，使徒時代の教会であることの証だった。カタリ派が領主に認められ，自由に信仰されていた時代には，叙階の救慰礼こそ司教が執り行なったが，病人への救慰礼などは一般の修道者に任されていた。カタリ派では，救慰礼により罪を赦し，魂を救う権限があらゆる修道者に与えられていた。来るべき迫害の時代になると，女性修道者を含め，“よきキリスト者”全員があらゆる救慰礼を執り行なうようになる。

⇦聖霊降臨（サント=ドミンゴ=デ=シロス修道院の回廊のレリーフ）――カタリ派が広まった一因として，当時噂されていた最後の審判や永遠の地獄の苦しみから，キリスト教徒を解放した点が挙げられる。12世紀になるとカタリ派は，永遠こそが神の本質であり，悪は時間のなかでしか現れることのできない，一時的で空しいものだと主張するまでになった。そして，この世以外に地獄はなく，聖霊による洗礼であらゆる魂が救われると説いた。

神のいない世界

エウェルウィヌスが記した“使徒”同様，13世紀のアルビのカタリ派も，この世の権限や責任はすべて神が担っているとする考え方を否定した。使徒ヨハネの言う「全体が悪い者の支配下にある」この世が，神の王国であるはずがない。悪の現れる場であるこの世こそが，考えうる唯一の地獄なのだ。しかしそれは一時的なものに過ぎず，この世の終わりとともに消滅する。そしてその後には，神と，救われた人間の魂を始めとするよき被造物だけが，残ることになるだろう。

この，未来に希望を託して現在を否定し，この世の構造や力を空疎なものと断罪する態度は，カタリ派ならではの特徴だった。この世に神の現れを見て取るような真似は一切しなかったのだ。カタリ派は，目に見えるものから神の栄光や善意を連想することはできないと考えた。十字架であれ白い

⇦⇩最後の審判（アルビ大聖堂のフレスコ画）――「ピエール・オーティエ［カタリ派最後の説教師］はこう述べた。この世の終わりの後には，目に見えるこの世界すべてが(……)焼き尽くされる。この目に見える世界が地獄なのである。しかしそのとき，人間のあらゆる魂が天国へ帰るだろう。天にはあらゆる魂の幸福がある。すべての魂は1つになり，それぞれの魂がほかの魂を，わが父，わが母，わが子の魂のごとく愛するようになる」『ジャック・フルニエ審問録』より

ハトであれ，目に見えるものに神聖なものはない。そのため，城を築くことはおろか，教会堂や礼拝堂を建てることもなく，神の教会は人間の心の中にのみあると主張し，個人の家，地下の隠れ家，宿屋，林の中の空き地などで祭礼や説教を行なった。このような，この世に対する徹底した合理主義は当初から見られ，カトリック教会が説く迷信にはユーモアを交えて反論した。「豊作だったのは神のおかげではなく，地にまいた堆肥のおかげだ」「どうしてそんな彫像を拝む？　人間が鉄の道具で木材から彫り上げたものだということを忘れたのか？」といった具合である。

　この世に神はなく，神の意思が表現されることもない。そう考えたカタリ派は，俗世の問題に一切かかわろうとしなかった。ラングドック地方の貴族階級がカタリ派を擁護したのも，その点においてカトリック教会と対照的だったからだ。カタリ派には，芸術もなければ，神に由来する政治・社会秩序もなかった。神に認められた権利もないため，正当な暴力や聖戦もありえない。悪に支配され，悪に屈従しているこの世にあって，善なるものは人間の魂だけである。魂は天で生まれたものである以上，男の魂も女の魂も，領主の魂も乞食の魂も，異端者の魂もカトリックの聖職者の魂も，異教徒の魂もシトー会修道士の魂も，等しく善である。つまり，誰もが例外なく，改心して神の善意と救済の約束に与ることができる。

　カタリ派を公然と厚遇していた地域では一般的に，その地に派遣されていたカトリックの聖職者とカタリ派の修道者とが何の衝突もなく共存していた。村民も多くは，両方

⇧ユダヤ人高利貸しからの施しを断るフランシスコ会士とドミニコ会士（13世紀）——カタリ派神学は，徹底した平等主義だった。当時，反ユダヤ主義が台頭しつつあったが，ユダヤ人の魂もイスラム教徒の魂も，異端審問官の魂と同様に救われると説いた。

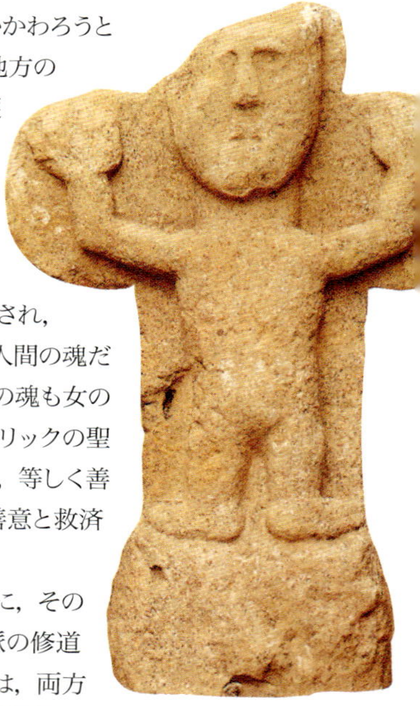

⇦原罪（サン＝プランカール聖ヨハネ教会，オート＝ガロンヌ県）――カタリ派は，自由意志も原罪も信じなかった。「善なるものとして創造された天使が，はるか以前から存在する善，自分たちに似た善を憎み，悪を愛するようになるとは到底考えられない」（『二原理の書』より）

カタリ派は，神が創造した魂の本性は善であると主張し，女性をイヴの過ちから解放した。イヴの過ちは，聖書の女性蔑視の根拠とされていた。

（⇦p.72左上と右下）ローラゲ地方の石碑――円盤型の石碑は，ローラゲ地方に数多く見られるが，ヨーロッパ全域で確認されている。これは，もう少し後の時代の民衆の芸術が生み出した石碑である。大半は教会の周りでまとまって発見されており，墓碑として使われていたようだが，トゥールーズ伯の紋章があるものは単なる境界石だった。この石碑をカタリ派の十字架またはカタリ派の墓碑と考える者がいるが，それはまったくの誤りである。そこに彫られている記号や印は，カトリック教会のものにほかならない。それにカタリ派の墓は，異端審問の時代にすべて破壊されてしまった。

の教会に登録していた。あの世へ行ける保障は，1つより2つあったほうがよかったのだろう。カトリックの主任司祭がカタリ派のコミュニティの中で暮らしていることもあれば，カルカソンヌのように，カトリックの司教の母親や兄弟がカタリ派だった例もある。しかし，この地域がフランス王国やカトリック教会に支配され，カタリ派迫害の時代が始まると，ラングドック地方の社会は大混乱に陥った。それまでの連帯は崩壊し，親族の絆さえ断たれた。カタリ派を恥辱の対象とみなし，追放したのである。

❖民衆の間に深く浸透した信仰を根絶するには，戦争をするしか方法がなかったのだろうか？　しかし，大規模な集団火刑が行なわれたにもかかわらず，アルビジョワ十字軍は異端根絶に成功したとは言えなかった。そこで教皇はフランス国王と手を結び，フランス王国支配下の地域で異端審問を実施する。……………………………………………………

第４章

同盟を結んだ教皇とフランス国王

⇦「異端者を裁く聖ドミニコ」
⇨「聖ドミニコがカトリック教会を救う夢を見る教皇」（14世紀）――アルビジョワ十字軍によるカタリ派討伐は，説得により魂を取り戻そうとする試みが失敗に帰したことを意味している。ドミニコは，ラングドック地方で数年間異端の説得に献身しようとしたが，成果を上げることはできなかった。しかしドミニコ会の司牧神学は，後の異端審問を支えることになる。

⇦「告発された者の一覧を受け取る教皇グレゴリウス9世」――教皇ルキウス3世は，神聖ローマ帝国皇帝フリードリヒ1世との和約に続き，1184年にヴェローナの教皇勅書を発布した。これにより12世紀の間に定められた異端対策が一元化され，司教による宗教裁判制度が整えられた。以後司教は，自分の教区を構成する小教区を定期的に訪れ，民衆の宣誓に基づき，異端の活動に関する証言を収集することになる。これが異端審問への第一歩となった。教皇グレゴリウス9世が異端審問制度を確立するのは1233年のことである。

カトリック教会の異端対策

当初は，カトリック教会の司教も，公会議も教皇庁も，異端とはいえ大胆な措置を講ずることにためらいがあったようだ。しかし12世紀半ばを過ぎるころから，異端を弾圧・追放するための法的整備が始まった。それ以来，“キリストの貧者”を自称する“悪魔の使徒”は，徹底的な捜索・追跡の対象となり，告発され，処刑されるようになった。

具体的には，ランス公会議（1157年）やヴェローナの教

皇教令（1184年）を通して，ヨーロッパ全域におけるそれまでの異端対策を一元化し，司教による宗教裁判を始めたのである。以後，ヴェズレー，ランス，ストラスブール，リール，ドゥエなどで，次々と火刑が行なわれた。それでもまだラングドック地方では，カタリ派が平穏に暮らしていた。

⇩アルビジョワ十字軍による火刑（1400年ごろのミニアチュール）――異端を火刑に処す慣行は，中世に始まった。４世紀に行なわれたアビラの司教プリスキリアヌスの処刑は，斬首によるものだった。中世では，“異端の悪疫”と言われたように，異端はペストやハンセン病などの伝染病と同一視された。そのため，その蔓延を防ぐ手段として火がふさわしいと考えられたのだ。また，宗教的観点から見れば，異端者を灰に帰すということは，永遠の劫罰を与えることでもあった。異端者は「命の書に記されて」おらず，最後の審判の際に肉体の復活にあずかることはないとされたのだ。

⇦ペテロとパウロの肖像を刻んだ教皇印璽

トゥールーズの異端者たち

トゥールーズでは，熱心なカトリック信者だったトゥールーズ伯レーモン５世の求めに応じ，教皇が特使を派遣し，権力に任せて強硬な説得を行なった。たとえば1178年と1181年には，シトー会のクレルヴォー修道院長アンリ・ド・マルシが派遣された。アンリは，異端を信じている民衆を罵倒し，トゥールーズのカタリ派司教を強引に改心させることに成功した。しかし周辺の地域では，トランカヴェル家のロジェ２世を破門に付す程度のことしかできなかった。

1194年にレーモン５世が死去すると，その後を継いだレーモン６世はカタリ派に寛容で，カタリ派教会に対するあらゆる強圧的な行為を中止させた。その結果，シトー会士も教皇特使も，ラングドック地方で重点的に反異端の説教を行なうといった異端対策しかできなくなった。しかし，そうした努力はほぼ全面的に失敗した。きわめて反教権的な地元領主の保護のもと，各地で自由な討論が行なわれたが，カトリック教会側がカタリ派を説得することはできなかった。カルカ

⇦「討論する聖ドミニコと本の奇跡」——聖ドミニコの本の奇跡の物語は，明らかにカトリック教会の作り話である。アルビジョワ十字軍以前の時代には，ラングドック地方で神学の討論が盛んに行なわれていた。この物語も，そんな討論会を舞台にしている。カタリ派の神学者とカトリックの神学者が議論を戦わせていたが，立会人にはどちらが正しいのか決着をつけることができない。そこで聖ドミニコが，両派の書物を火に入れて神の審判を仰いだ。すると，異端の書物は灰になってしまったが，カトリックの書物は，天井を焦がすような大火のなかに何度入れても，決して燃えることがなかった。しかしカタリ派の神学者は，奇跡も神明裁判も信じていないため，このようなやり方を認めようとはしなかったという。この物語は，その真偽はどうあれ，十字軍以前の時代に両者が丁々発止の議論を重ねていた様子を如実に伝えている。両者が先を争うように聖書の引用や聖書解釈の文法的根拠をぶつけ合っていた以上，どちらかに軍配を上げることは事実上不可能だったに違いない。

ソンヌ，モンレアル，セルヴィアン，ファンジョー，パミエなど，どこでも結果は同じだった。

ドミニコ会の創設者ドミニコの召命があったのは，こうした討論が各地で行なわれていたころのことである。1206年のある日，教皇特使が異端の説得に失敗して暗殺されたことを知ったドミニコは，異端が主張する姿とは異なる使徒の幻を見た。その体験からドミニコは，自らラングドック地方へ赴き，独自の方法で信者の良心を取り戻そうと決意する。清貧に甘んじ，謙虚に教えを説こうとしたのである。このドミニコの行動は，やがてドミニコ会の設立へとつながっていくが，このドミニコをもってしても，カタリ派との自由討論で成果を上げることはできなかった。その当時ローラックでは，カタリ派の助祭イザルン・ド・カストルがカストルムの広場で，ヴァルドー派やカトリック教会の代表者に対し熱弁を振るっていた。またファンジョーでは，貴婦人，騎士，共同領主などあらゆる貴族が，才気あふれるカタリ派の説教師ギラベール・ド・カストルに夢中だった。しかしローマ教皇は，秩序回復の準備を着々と進めていた。

インノケンティウス3世

1198年に教皇に就任したインノケンティウス３世は，教皇による教権政治を理想に掲げ，聖座（教皇座）は世俗君主を越える“最大の権限”を有していると主張した。神から“世界の指導”を託されている自分こそが，“ヨーロッパの長”であると断言したのだ。こうしてインノケンティウス３世は，教皇の座にあった18年の間に，キリスト教世界を自分の思いのままに再編した。当時はキリスト教世界のあちこちで，洗礼の秘跡や聖体の秘蹟が軽視され，カトリック教会の課す10分の１税が拒否され，教皇特使が笑いものにされていた。そのような状況に不満を抱いていたインノケンティウス３世は，1215年に第４ラテラノ公会議を開くと，正統の教義および信徒のコミュニティに関する枠組みを厳密に定め，それを外れれば永遠の劫罰とともに追放され，２度と日の目を見ることはないと宣言した。社会からはみ出した者，カトリックの使徒信経に従わない異端者は破門され，神の救いもコミュニティの助けも得られないまま，神の法に基づき裁かれる，ということだ。インノケンティウス３世はこの宣言を実現すべく，十字軍による“アルビ派”攻撃を呼びかけた。

1208年，教皇特使ピエール・ド・カステルノーが暗殺される事件が発生した。これにより，トゥ

⇧木タールを塗ったミトラ（司教冠）をかぶらされた異端者（1795年の版画）

⇙教皇インノケンティウス3世（13世紀のフレスコ画）――本名はロタリオ・デイ・コンティ・ディ・セーニ，偉大な法学者であるとともに，辣腕の政治家でもあった。また，霊的・精神的な面でも指導力を発揮し，福音に沿った清貧を旨とする聖ドミニコやアッシジの聖フランチェスコの召命を承認した。両者はそれぞれドミニコ会，フランシスコ会を創設し，ローマ・キリスト教の再生を促した。カトリック教会は，アルビジョワ十字軍の30年前にも，ヴァルドーを中心とするヴァルドー派を分離派あるいは異端として弾圧している。こうした異端との戦いや火刑は，18世紀まで続くことになる。

⇦パリでフィリップ2世の面前で行なわれた異端者の処刑の場面（1460年ごろ）――ベジエの虐殺に始まった十字軍は，たちまち異端者の間に激しい恐怖を引き起こした。教皇特使であるシトー会の修道院長アルノー・アモーリの命により，集団火刑が大々的に実施されたからだ。歴史家ジャック・ベルリオーズによれば，アモーリはベジエで旧約聖書の詩篇から次のような有名なスローガンを導き出し，宗教的教養の深さを示してみせた。「皆殺しにせよ！神は己の者をご存知である」。教皇インノケンティウス3世にも次のような手紙を送っている。「神の復讐は驚異的な成果を上げ，異端者は一人残らず殺されました」

ールーズに戦争をしかける口実を手に入れたインノケンティウス３世は，西ヨーロッパの諸侯に十字軍参加を招請した。イスラム教徒に対する十字軍ではなく，キリスト教の異端に対する十字軍だが，その思想的背景は，11世紀末から異教徒に対して行なわれていた十字軍と何ら変わりはない。異端を公然と擁護していた領主やその領土が戦争の対象となっただけで，それに伴う領主の殺戮，財産の強奪はやはり正当な行為とみなされた。“神がそれを望んでいる”からだ。

神の名誉を回復する戦争である以上，参加する諸侯は罪を犯しても赦されるうえ，略奪により物質的な報酬も手に入れることができる。君主のフランス国王フィリップ２世も，ラングドック地方の封臣に対する教皇の強硬な態度にあえて反対する理由はなく，この十字軍に臣下の諸侯が参加する

のを黙認した。こうして，トゥールーズ伯レーモン６世，およびカルカソンヌ＝アルビ＝ベジエ副伯を務めるその甥レーモン＝ロジェ・トランカヴェルに対する十字軍が組織された。

アルビジョワ十字軍

このアルビジョワ十字軍により，ローヌ渓谷からケルシーに至る地域は，1209年から1229年までの20年にわたり蹂躙された。十字軍は，各地でカタリ派修道者を集団火刑に処し（1210年にはミネルヴで140名，1211年にはレ＝カッセで200名，ラヴォールで400名が焼かれた），市民を大勢虐殺した（1209年7月のベジエ，1229年のマルマンドなど）。そして各地の騎士との壮烈な戦い（1211年のモンジェ，1213年のミュレなど）の末，都市や城塞（カルカソンヌやラヴォール，テルム，ミネルヴなど）を占拠すると，

⇩「カルカソンヌ占領」――ベジエが陥落した直後の1209年8月には，カルカソンヌも十字軍の手に落ちた。若き副伯レーモン＝ロジェ・トランカヴェルが投獄・抹殺されると，征服権に基づき，十字軍の指揮官を務めていたシモン・ド・モンフォールが新たな副伯に任命された。

トゥールーズおよびカルカソンヌに，カトリック教会に従属する新たな伯を任命した。しかしこうした努力は，新たな伯となったシモン・ド・モンフォールが1218年に死去すると水泡に帰してしまった。後を継いだ息子のアモーリに力はなく，

ラングドック地方の領主が，民衆の蜂起に力を得て都市や城塞を奪回してしまったのだ。そこでアモーリ・ド・モンフォールは1224年，ラングドック地方のあらゆる権限をフランス国王に譲渡することにした。教皇庁もそれに異存はなかった。西ヨーロッパで圧倒的な軍事力を誇るフランス王国は，教皇庁と近しい関係にある。国王がラングドック地方を制圧すれば，教皇庁はその地方のキリスト教徒に，カトリック教会の宗教的・精神的秩序を強制できるようになる。

ラングドック地方の領主やカタリ派の“よきキリスト者”は，一時的に都市や城塞を奪回したとはいえ，戦争や虐殺に疲弊していた。そのため，1226年から押し寄せてきたフランス国王率いる十字軍に対し，ほとんど抵抗らしい抵抗ができなかった。1229年，若きトゥールーズ伯レーモン7世は，フランス国王ルイ9世に降伏した。パリのノートルダム大聖堂で調印されたパリ条約により，レーモン7世は国王の善意により伯領の統治を委任されているに過ぎないことを認めた。そして，積極的に異端を告発すること，城塞を取り壊すこと，一人娘のジャンヌにトゥールーズの相

⇦ミュレの戦い（『フランス大年代記』より，1460年ごろ）
⇩シモン・ド・モンフォール（19世紀の版画）――優れた軍人だった彼は，レーモン6世とアラゴン国王ペドロ2世の連合軍をミュレで華々しく打ち破ると，ラングドック地方を統合する新たな伯家の創設を狙って画策を始めた。

続権を与えることを約束させられた。ジャンヌはフランス宮廷に入り，国王の末弟であるアルフォンス・ド・ポワティエと結婚することになっていた。こうしてフランス王国は，絶対に確実な方法でラングドック地方を従属させることに成功したのである。ちなみにカルカソンヌも，すでに国王直属の行政官の手に渡っていた。それまで当地を支配していたトランカヴェル家は，その封臣同様，財産を没収され，アラゴン王国に追放されていた。

「トゥールーズ伯の悔悛」（J＝M・モローの画に基づく1782年の版画）――“若き伯”と呼ばれたレーモン7世は，ラングドック地方奪回を指揮し，「分け合え！」を合言葉に，ボーケールからトゥールーズに至る敵を駆逐した。1224年には，モンフォール軍をパリに追い返すことに成功した。しかし1229年にはパリのノートルダム大聖堂で，カトリック教会に恭順を誓わされることになる（上）。父のレーモン6世も，1209年にサン＝ジルで同じ経験をしている。

地下活動の始まり

1229年，20年にわたる戦争が終結した。カルカソンヌはフランス王国領となり，トゥールーズ伯はフランス国王に従属することになったが，それでもカタリ派教会は健在だった。十字軍や集団火刑はその力を弱めるどころか，かえって殉教

者の栄光を輝かせる結果になった。しかし，この十字軍戦争を通して，カタリ派を積極的に支援していたラングドック地方の貴族階級が追放された結果，この異端教会は，もはや後戻りできない受難の道を突き進むことになる。カタリ派の修道者，助祭や司教は，村の信徒の助けや武装した追放貴族の保護を受け，地下活動を始めた。カトリック教会には，そんなカタリ派を狩り出し，芋づる式に仲間をたどり，従属しようとしないコミュニティを壊滅させる必要があった。そこで，

⇧ベルナール・デリシウー——1300年代，フランシスコ会のベルナール・デリシウーは，カトリック教会の異端審問に反旗を翻し，カルカソンヌで示威行動を起こした。これは，フランシスコ会とドミニコ会の間に，カタリ派に対する態度の相違があったことを物語っている。フランシスコ会も当初は異端審問に参加していたが，間もなく南ヨーロッパで分裂した。ローマに従属する“修院派”と，アッシジの聖フランチェスコが説く清貧と絶対的な非暴力を主張する“聖霊派”である。

教皇庁などからローマ法の法学者を集め，近代官僚主義のさきがけとなる機関を設立した。それが異端審問所である。

托鉢修道会に支えられた異端審問

これまでの司教裁判は，その判決が司教区の利害に左右されることがあまりに多かった。そのため，それに代わる異端審問は，新興の修道会であるドミニコ会やフランシスコ会の修道士に委ねられた。また，判決は証言に基づいて行なうとともに，被告の自己弁護を認めた。これは，焼けた鉄や水を用いるゲルマン風の神明裁判に比べ，宗教裁判として明らかな進歩を示している。この裁判は，多大な効果を発揮した。

この異端審問では，カトリック教会が有する贖罪の権限が大いに利用された。教皇直属の異端審問所はいわば，強制的に告解を行なわせる巡回告解場のようなものだった。そのような形で集めた告白を，異端者やその庇護者にかかわる法的証言として利用したのだ。兵士に護衛された判事たちは，書記や公証人とともに村々を回り，すべての大人に尋問を行なうとともに，異端の背徳的な行為を密告するよう訴えた。そのような行為は，神に対する大逆罪に相当した。

しかし，異端審問官はさほど多くの異端者を殺したわけではない。それが異端審問官の役目ではなかった。異端の教会を撲滅するには，異端の指導者を捕らえ，死刑に処するだけで十分だった。あとは，尋問を行ない，密告のシステムを作り上げ，異端の信徒を投獄し，その財産を没収することで，異端者を震え上がらせ，追い詰めていったのである。

⇦⇩囚人（『トゥールーズ慣習法』，1296年より）──異端審問が多大な効果を発揮したのは，証言を記録するというきわめて近代的な方法を採用したからだ。証言を記録した審問録には，証言の突き合わせのため欄外に証言者の名前が記されており，文字通り捜査ファイルとしての役目を果たしていた。アヴィニョネで異端審問官が惨殺された事件（1242年）以降，それまで各地を巡回していた異端審問所は，司教座のある都市に固定されることになった。そのため村民が尋問を受ける際には，アルビやトゥールーズ，カルカソンヌの異端審問官のところまで出向かなければならなくなった。

アルビジョワ十字軍による戦争（1209～29年）は，残虐行為の応酬だった。1208年，この戦争を望んでいた何者かにより，教皇特使ピエール・ド・カステルノーが暗殺された（左頁下）。するとその報復として，1209年7月にベジエで虐殺が行なわれるなど（上），諸都市が包囲され，民衆が捕らえられた（右頁下）。こうした民衆は，ほかの民衆への見せしめに，集団火刑に処されたり，手足を切断されたりした。ブランで捕らえられた100名ほどの民衆は，シモン・ド・モンフォールの命令によりカバレまで歩かされたが，そのなかには，目を潰されたりくり抜かれたりした者や，鼻や唇を削がれた者もいたという。後にロマン派の画家は，この題材を好んで取り上げた。

（⇦上）「十字軍のベジエ占拠」（19世紀の版画）（⇦p.86下）「教皇特使ピエール・ド・カステルノーの暗殺」（1860～80年ごろの『フランス史』より）。（⇦p.87下）「戦時下のアルビの人々」A・メニャンの画に基づく版画

モンセギュールの陥落――フランス王国に併合されるラングドック地方

トゥールーズ伯レーモン7世は，パリ条約によりフランス国王と教皇への従属を約束させられた後も，この条約の束縛から逃れるための努力をつづけた。息子をもうけようと再婚を画策したこともあった。しかし，教皇庁の妨害などにより失敗に終わったため，ジャンヌの相続権の正当性を問題視することはできなかった。しかしレーモン7世は，自分がフランス王国や教皇庁に反旗を翻せば，ラングドック地方の民衆の支持を得られることを知っていた。民衆は異端審問の恐怖に怯えていたからだ。実際1235年にはトゥールーズで，ドミニコ会の異端審問官が異端者の墓を掘り返し，遺体までも火刑に処したため，民衆が蜂起し，異端審問官を街から追い出すという事件も発生している。やがてレーモン7世は裏面工作の結果，イギリス国王やラ・マルシュ伯と同盟を結ぶことに成功した。そして1242年5月，ある事件により民衆の暴動を引き起こし，そのまま戦争へ突入した。

その事件の知らせはモンセギュールから届いた。追放貴族で構成された一党が，ローラゲ地方のアヴィニョネに駐留していた異端審問官とその一行を殺害したのだ。ドミニコ会の審問官とフランシスコ会の審問官が暗殺され，その審問録がずたずたに切り裂かれると，

⇩モンセギュール城――モンセギュールの山の頂に位置する美しい小さな城塞は，カタリ派の時代のものではない。これは，13世紀末か14世紀初頭に，ギー・ド・レヴィの子孫が建造したものである。ギー・ド・レヴィはシモン・ド・モンフォールの補佐官であり，征服権によりミルポワおよびオルメス地方の領地を手に入れた。レーモン・ド・ペレイユが領主を務め，1244年に包囲されたモンセギュールは，領主の城館の周りに形成されたカストルム（城塞集落）である。人口は500人ほどだったが，そのうちの200人以上がカタリ派の修道者だった。考古学的調査により，段丘状に構成されていた村の姿や，そこで繰り広げられていた質素な生活が明らかになっている。

⇧攻囲戦の石碑(13世紀)——モンセギュールは，険しい地形に守られた天然の要塞だった。およそ1年もの間，装備の整った何千もの軍勢に対し，15名の騎士と50名ほどの兵士だけでカストルムを守り通したのである。1244年3月16日に火刑が行なわれた後，異端審問官は生き残った人々を尋問した。その際の証言の記録や考古学的調査により，史的根拠のない神秘に彩られたモンセギュールの真の歴史が明らかになっている。

その地域一帯の民衆は，異端審問から永久に解放されることを願って蜂起した。しかしその願いがかなうことはなかった。トゥールーズ伯の同盟軍はサントやタイユブールでフランス王国軍に敗走をつづけ，1243年5月，ついにロリスでフランス国王ルイ9世に降伏した。その際に交わされた条約により伯は，モンセギュールのカストルムに立てこもる反乱者たちの掃討を約束させられた。

モンセギュールはピレネー地方にあったカストルムで，1232年に領主レーモン・ド・ペレイユがトゥールーズ司教やラゼス司教に隠れ家を提供して以来，カタリ派教会の中心地となっていた。また，異端審問を敵視し，断固としてトゥールーズ伯を支持する追放貴族のたまり場でもあった。アヴィニョネで異端審問官を暗殺したモンセギュールの騎士たちを，教皇庁が赦すはずもない。1243年の夏，カルカソンヌを治めていた王直属の行政官が十字軍の大軍勢を引き連れ，カストルムを包囲した。しかしレーモン7世にはもはや，この軍勢を止める力はなかった。1244年3月16日，モンセギュールは陥落し，200名以上のカタリ派修道者が火刑に処された。こうしてトゥールーズ伯の抵抗は幕を閉じた。それからしばらく後の1249年にレーモン7世が死去すると，予定どおり一人娘のジャンヌとその夫アルフォンス・ド・ポワティエが伯を継承した。しかし，二人は世継ぎを残すことなく1271年に死去し，結局トゥールーズ伯領はフランス王国の行政官が治める直轄領となった。このように十字軍は，“アルビ派”を保護する領主を排除しようと教皇が呼びかけたものだったが，最終的にはフランス王国がラングドック地方を併合する形で終わった。

⇧十字型の手箱飾り（モンセギュールから発掘）

⇩「戦う教会」――ヨーロッパの至るところに存在したドミニコ会は，異端審問を行なうとともに，キリスト教の教義の新たな規範を確立することに尽力した。異端を排除し，教義の規格化を成し遂げようとするドミニコ会は，以来“戦う教会”の代名詞となった（下）。

その後の地下活動

モンセギュールで行なわれた火刑により，同地の大勢のカタリ派信徒とともに，ラングドック地方のカタリ派教会の要職を務めていた人物全員が命を失った。トゥールーズ司教ベルトラン・マルティ，ラゼス司教レーモン・アギュレなどである。これで，ラングドック地方に組織されたすべてのカタリ派教会が壊滅した。運よく生き延びた修道者が活動をつづけるのはもはや絶望的であり，カタリ派の教義を放棄する者や国外に逃亡する者が相次いだ。

命の危険にさらされた信徒や孤立した修道者は，イタリアへ逃れ，その地でラングドック地方のカタリ派組織を細々と再建した。一部の熱心な信徒は，指導者から叙階を受けて修道者となり，ラングドック地方に再び福音をもたらそうとした。しかし，この地方にはもはや異端審問に抵抗する勢力はなく，その網の目をかいくぐって活動をつづけるのはきわめて困難な状況になっていた。同地方のカタリ派信徒や修道者は，密告者の目が光る社会の中で行き場を失い，散り散りになっていった。一方ドミニコ会は，ラングドック地方で毎日曜日のミサに説教を行ない，禁じられたカタリ派の福音を封殺した。同時に，スコラ学により正統な教義を体系化し，確固たるものとした。このように13世紀後半には，カタリ派の撲滅が計画的に行なわれた。

⇩シモン・ド・モンフォールの参事官だったアルファロ・ド・フランスの手による線画（1254年ごろ）――下の描画を見れば，異端者が火刑の際に，後ろ手に縛られて杭に固

定されていたことがわかる。『ジャック・フルニエ審問録』には，14世紀初め，ヴァルドー派の異端者レーモン・ド・ラ・コストがパミエの広場で処刑される様子が記されている。それによるとレーモンは，自分を縛っていた綱が炎で焼き切れると，両手を前に持ってきて高々と掲げ，神の恩恵を祈って民衆を祝福した。「あれほど優れたキリスト者を火あぶりにするのはおかしい」とつぶやく者もいたという。

❖カタリ派が単なる反教権運動であれば，身を隠して生き延びることができたかもしれない。しかしカタリ派は，司教を中心に構成された，厳格な教会組織だった。そのため異端審問官の追撃により壊滅させせられ，中世末期には歴史から姿を消した。やがて19世紀以後になると，カタリ派は数多くのばかげた伝説や憶測に彩られることになる。…………

第5章

カタリ派の消滅

⇦「異端審問の牢獄に閉じ込められたカルカソンヌの人々」⇨『トゥールーズ慣習法』（1296年）——事実上ラングドック地方のカタリ派は，14世紀に異端審問所の牢獄のなかで消滅した。一般信徒はそこで生涯を終えたのだ。一度改悛した後に再び異端にはしった者は，一般信徒であれ異端の“よき男”と同等と見なされ，火刑に処された。

最後の闘い

それでもオクシタニアでは，14世紀に入ってもなおカタリ派が活動していた。そのころになると，すでに世界は一変していた。1世紀前には，村のカタリ派修道者に敬意を表する貴族や貴婦人，小売商，農民たちが，カストルムの中で一つにまとまり，活発に交流を行なっていた。それが今では，フランス国王の権威のもと，領主を中心に階層化された社会に変わってしまったのだ。ヨーロッパが教皇庁による教権政治から解放され，中央集権的な君主制を確立しつつある時代だった。そんな中カタリ派は，一昔前と相も変わらぬ説教を行なっていた。神のものでないこの世に神の教会を認めることはできない，悪い木がよい実を結ぶことがないように，迫害をつづけるカトリック教会がキリストの教会であるはずがないのだと。

こうしたカタリ派の最後のあがきが，民衆の熱意を再び呼び覚ました。1300年から1310年にかけて，ピレネー地方，ケルシー地方，ガスコーニュ地方，ローラゲ地方に囲まれた一帯にいまだ数多い熱心なカタリ派信徒の積極的な支持を受け，小さなカタリ派教会が再建された。おき火を燃え

上がらせるには，たった一吹きで十分だったのだ。再建を指導したのは，フォワ伯領の上流貴族だった兄弟ピエール・オーティエとギレム・オーティエである。２人は突然，深遠な神の召命を受けると，イタリアに逃れていたラングドック地方のカタリ派指導者の最後の生き残りのもとを訪れ，教義伝達と叙階を求めた。そして，1300年になる直前に修道者として南フランスに戻り，その地でカタリ派の復興を計画的に進めた。家族や仲間を頼りに，それまで眠っていたかつての組織網を復活させたのである。２人の計画は成功したかに見えた。

しかし，カタリ派修道者と異端審問官の闘いは，悲しいほどあっという間にけりがついた。カタリ派教会は,各地でコミュニティが復活しさえすれば異端審問に対抗できると考えた。そこでピエール・オーティエは，民衆の使命感を呼び覚まそうと懸命に呼びかけ，福音を説き，洗礼を施すことの出来る新たな修道者の教育・叙階を行なった。それに対し，カルカソンヌのジョフロワ・ダブリやトゥールーズのベルナール・ギーといった異端審問官は，大規模かつ綿密な捜索活動を展開した。モンタイユーからトゥールーズに至る地域で，１人また１人とカタリ派修道者を捕らえ，裁判にかけ，大聖堂前の広場で火刑に処したのだ。こうしてカタリ派は完全に息絶え

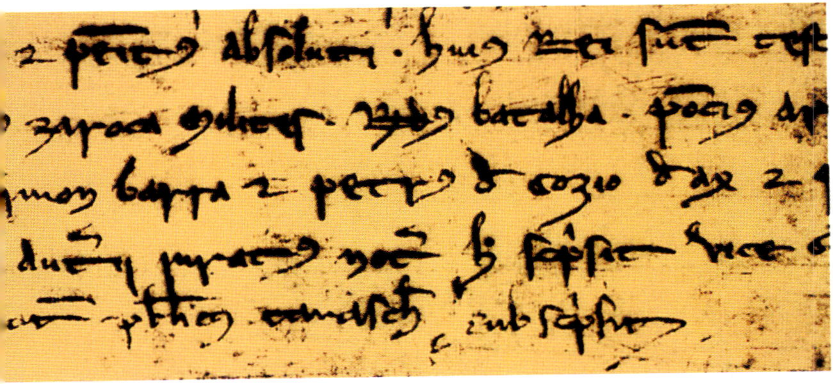

（⇦p.94上）ダビデの戴冠（13世紀末～14世紀初め）――ラングドック地方の民衆には，フランス国王やその官吏が，異端審問の暴虐から身を守ってくれる存在に思えることもあった。13世紀には王は神から支配権を授かると考えられた。

⇩フォワ伯，パリャズ伯，カルドナ副伯の協定文書(1284年)――ピエール・オーティエは，フォワ伯ロジェ＝ベルナール3世と親しく，改宗前にはその公証人を務めていた。そのため，アンドラとの共有領主権にかかわる公文書を数多く作成している。上は1284年にピエールが作成した文書の写しで，下から2行目の左の方に，彼の名前のラテン語名（Petrus Auterii）が見て取れる。

⇦地獄の亡者を打ちのめす兵士（教会の柱頭）

た。これほどまでにカタリ派が敵視されたのは，この教会が妥協を許さなかったからにほかならない。だが，異端審問に追い詰められ，苦しめられたため，その基本的枠組みを刷新する余裕がなかったのも事実である。

カタリ派が単なる反教権運動だったとしたら，どこかに身を隠して生き延びることもできただろう。しかし，秩序だった確固たる組織を持ち，秘跡を執り行なう教会である以上，カトリック教会はそれを黙認するわけにはいかなかった。1310年４月には，トゥールーズのサン＝テティエンヌ大聖堂

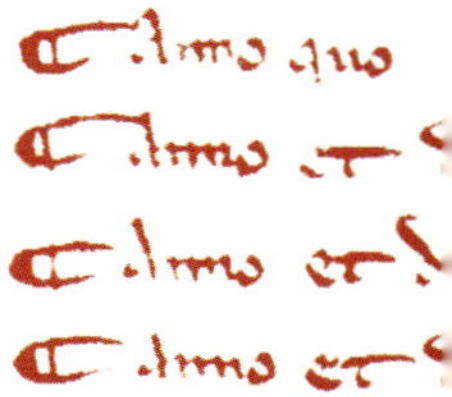

⇩「聖痕を授かる聖フランチェスコ」――聖フランチェスコの聖痕はフランシスコ会が説く受肉の神秘の象徴となった。

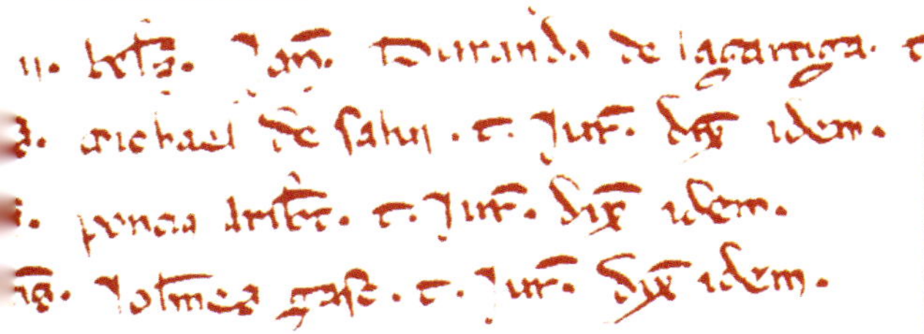

の前でピエール・オーティエが，1321年にはヴィルルージュ＝テルムネスでギレム・ベリバストが火刑に処された。これら最後のカタリ派修道者が火刑台の炎と消えた日に，カタリ派教会もともに消滅した。確かに，一部の民衆の間ではまだカタリ派が生きていた。しかし，聖霊を伝えてくれる“よきキリスト者”がおらず，もはやその教育や按手を受けられなくなった今，“よきキリスト者”になれる者はいなくなってしまった。

現存する審問録には，ピエール・オーティエの説教の内容が記されている。それは，２世紀前にシュタインフェルトのエウェルウィヌスが記したラインラントの“使徒”の言葉ときわめて似ている。「教会には２つあります。逃げ惑い，罪を赦す教会と，所有し，暴力を振るう教会です」

歴史から消えたカタリ派

14世紀前半には，異端審問がラングドック地方のカタリ派教会に勝利を収めた。やがてこの地方の民衆の心には，色あせることのない教権に対する怒りと，福音を文字どおり遵守した時代の記憶だけが残った。こうした心性は，来るべき宗教改革のための土壌を形作ることになる。一方のカトリック教会は，異端審問と並行する形で，トマス主義により正統教義を体系化し，その精神世界を一新することに成功した。フランシスコ会の神秘主義を取り入れ，キリストの受肉，苦しみを背負ったキリストの人性にこそ，神の偉大さが現れて

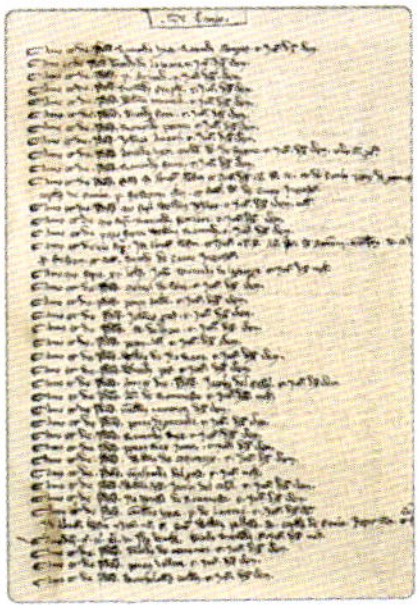

⇧トゥールーズの異端審問録（13世紀）――13世紀の審問録には，統計的な分析を試みることも可能なほど，きわめて膨大な情報が掲載されているが，14世紀の審問録はさらに詳細を極めている。『ジャック・フルニエ審問録』（1318〜25年）には，最後のカタリ派の“よき男”たちの生活の様子が事細かに記されている。それによれば，“よき男”らはしばしばユーモアを交えて説教を行なっていたようだ。たとえばギレム・ベリバストは，密告者の目を欺くためにカトリック教徒の振りをしなければならない点に触れ，こう述べている。「結局，教会でもどこでも神に祈りを捧げることはできるのですが（……）お腹が空くと，ついホスチア（訳注：ミサで拝領する聖体のパン）を食べたくなりますね」

いると考えるようになったのだ。こうして受難をモチーフにしたゴシック芸術が開花すると，ロマネスク時代のカタリ派は，キリスト教世界全体が善悪二元論に支配されていた古い時代の遺物として，次第に顧みられなくなっていった。おそらくカタリ派は，たとえ迫害されていなかったとしても，こうした時代の風潮により，徐々に力を失っていく運命にあったのかもしれない。

ところでラングドック地方以外のカタリ派は，どのような運命をたどったのだろうか？　イタリアでは，異端審問が機能し始めるのが1世代以上遅れたため，完全にカタリ派が一掃されたのは15世紀初頭のことだった。ブルガリアやボスニアでは迫害こそ受けなかったものの，トルコに征服されたことで力を失い，14世紀末には姿を消した。フランス王国やライン川以東の地域では，絶えざる迫害によりカタリ派が深く根を下ろすことはなく，異端審問制度の確立を待つまでもなく，13世紀前半には根絶させられた。

見直される歴史

長らくの間，カタリ派の歴史を著そうとするのは，カタリ派に勝利した側に属する者，すなわちカトリックの神学者だけだった。しかもそれは，13世紀イタリアのドミニコ会の異端審問官が異端を論駁《ろんばく》するために記した著作など，反異端的立場の資料をもとにした歴史だった。そのため，カタリ派は中世のマニ教であり，カトリック教会の未来にとって有害かつ危険なものだったと考えるほかなかった。その点については，19世紀の研究者たちも同

⇧ヘロデとサロメ——カタリ派は数世紀を経るうちに，福音主義的なキリスト教の一派だったことが忘れ去られ，マニ教や仏教など，東方的な性格を持つ宗教だったと誤解されるようになった。しかし中世史の研究が進んだところで，カタリ派を当時の時代背景のなかでとらえることが可能になった。カタリ派はまさしく，ロマネスク時代の南フランスのキリスト教世界にその根を置いている。

じである。そればかりか，オシリスやピタゴラスの秘教に精通した東方の魔術師だったと考える者さえいた。

ところが20世紀半ばになり，カタリ派側の人間が記した資料が発見された。２種の論説書と３種の典礼書である。それらの分析によりカタリ派は，史実を歪めていた罵詈雑言や作り話からようやく解放されることになった。カタリ派は想像以上に，カトリック教会に近い考え方をしていたのだ。カタリ派の実態は，中世のキリスト教文化を念頭に置かなければ明らかにできない。カタリ派信徒や修道者の真の姿は，ごく普通のキリスト教徒だった。教権主義的なカトリック教会に対し，福音に沿った非暴力や清貧を貫いた集団でしかなかったのである。

⇧「モンセギュールの火刑」（19世紀の版画）――“南フランスのミシュレ”と呼ばれた牧師ナポレオン・ペラは，モンセギュールの火刑にまつわる資料を発見し，その事実を一般に広めた。以来モンセギュールは，自由を求める民衆の戦いのシンボルではなく（そのような考え方は中世にはなかった），独善的な行為をやめない者に対する警告のシンボルになった。
(p.100)モンセギュール城の主塔

資料篇

キリストの貧者か悪魔の使徒か

⇧「ピエール・オーティエは，火刑に処される前にこう述べた。もう一度大衆に説教することができれば全員を改宗させられる，と」

『ジャック・フルニエ審問録』より

1 カタリ派の書

カタリ派の典礼は，現在リヨン，フィレンツェ，ダブリンに保管されている3種の典礼書や，異端審問時の数多くの証言を通じて，よく知られている。それは主に，3つの儀式に基づいている。主の祈りの朗唱，集団悔悛の儀式，および救慰礼《コンソラメント》である。

リヨン典礼書

集団悔悛の儀式は，セルヴィシまたはアパレリャメントと呼ばれた。毎月助祭がコミュニティを訪れ，この儀式を執り行なった。

私たちは，生まれてこのかた，作り，言い，思い，行なったあらゆる罪の赦しと悔悛の儀式を受けるために，神の前，あなたの前，聖なる教会の修道会の前に来ました。神とあなたの慈悲により，あなたから聖なる父に，私たちが赦されるようお祈りくださることを願います。

私たちが犯したあらゆる罪を聖なる主がお赦しくださることを願い，すべての栄えある忠実なキリスト者，墓所に眠る至福

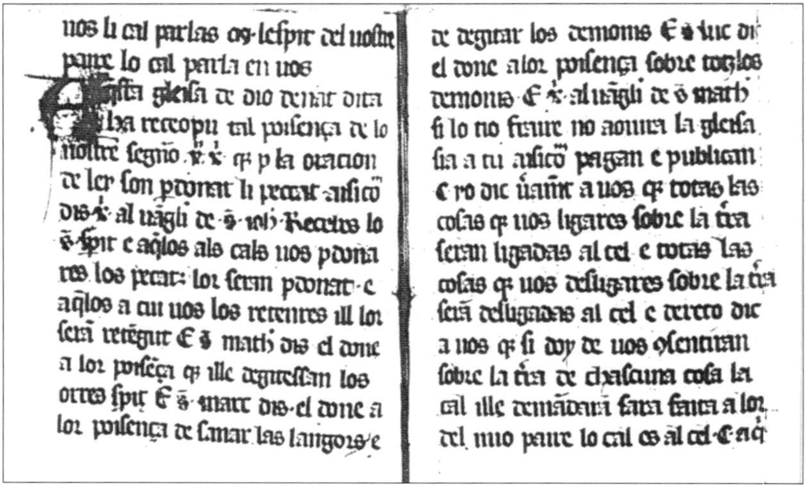
nos li cal parlas o lespirit del nostre
paire lo cal parla en vos
questa gleisa de dio denat dita
aia reccopu tal poisença de lo
nostre segnio q p la oracion
de ley son pdonat li peccat asi co
dis al vaigli de s iob Recebes lo
s spirit e aqlos als cals vos pdona
res los peccatz lor seran pdonat e
aqlos a cui vos los retenres ill lor
seran retegut E s math dis el done
a lor poisença q ille deguessan los
orres spirt E s marc dis el done a
lor poisença de sanar las langors e

de degitar los demonis E s luc di
el done a lor poisença sobre totz los
demonis E al vaigli de s math
si lo no seure no aonita la gleisa
sia a tu asi co pagan e publican
E ro dic vraiment a vos q totas las
cosas q vos ligares sobre la terra
seran ligadas al cel e totas las
cosas q vos desligares sobre la terra
seran desligadas al cel e dereco dic
a vos q si doy de vos ocentiran
sobre la terra de chascuna cosa la
cal ille demandaran sera faita a lor
del mio paire lo cal es al cel E

⇧カタリ派のダブリン典礼書（14世紀末）。神の教会に関する教えが記されている部分。

の祖先，この場にいる信徒を救済してくださる神を，祈りと信仰を通じて崇めます。そして，私たちのあらゆる罪を，天の父，天の子，称えられるべき聖霊，聖なる福音，聖なる使徒を冒涜する数多くの重大なる過ちを，ここに告白します。Benedicite parcite nobis.（私たちに祝福と慈悲を）。(……）主よ，肉の悪徳をお裁きください。堕落から生まれた肉をお哀れみになるのではなく，牢獄に閉じ込められた魂をお哀れみください。そして，審判の日に私たちが不忠な者として裁かれることのないように，よきキリスト者の務めとして，赦しを乞う日や時，断食，祈り，説教を行なう日や時を私たちにお与えください。Benedicite parcite nobis.

救慰礼《コンソラメント》の儀式

救慰礼は聖霊による洗礼であり，カタリ派が行なっていた唯一の秘跡だった。

その場で救慰礼を受ける信徒は，致善礼《メリョラメント》（敬愛の意を示す挨拶）を行ない，司式者の手から福音書を受け取る。司式者は，適切な引用や救慰礼にふさわしい言葉で訓戒および説教を施した後，次のように言う。

「ではペトロ，あなたの望みに従い，聖霊による洗礼（ロ・バプティスメ・エスペリタル）を行なう。聖なる祈りと“よきキリスト者”の按手により，神の教会の聖霊が授けられる」(……)

聖霊を授けるこの聖なる洗礼は，使徒時代から今日まで，神の教会により守られてきたものである。聖霊は，“よきキリスト者”から“よきキリスト者”へと伝えられ，ここまでたどり着いた。神の教会は，この世の終わりまでこの洗礼を続けることだろう。

神の教会には，罪から解放する力や罪に縛りつける力，罪を赦す力や赦さない力が与えられている。キリストも，聖ヨハネによる福音書第20章21~23節でこう述べている。「『父がわたしをお遣わしになったように，わたしもあなた方を遣わす』そう言ってから，彼らに息を吹きかけて言われた。『聖霊を受けなさい。だれの罪でも，あなた方が赦せば，その罪は赦される。だれの罪でも，あなた方が赦さなければ，赦されないまま残る』」(……)

次に信徒は，再び致善礼を行ない，こう述べる。「Parcite nobis.　私が作り，言い，思い，行なったあらゆる罪について，神に，教会に，あなた方全員に赦しを乞います」それに応え，同席のキリスト者はこう述べる。「神により，私たちにより，教会により，この罪が赦されますように。私たちは神に，あなたをお赦しくださるよう祈ります」その後，この信徒に救慰礼が行なわれる。まず司式者が福音書を手に取り，それを信徒の頭の上に置き，さらに同席のキリスト者がそれぞれ右手を頭の上に載せる。そしてパルキアスを1度，アドレムスを3度唱えた後,次のように続ける。「Pater sancte, suscipe servum tuum in tua justitia, et mitte gratiam tuam et spiritum sanctum tuum super eum.（聖なる父よ,あなたの正義の中にご自分のしもべを迎え入れ，あなたの恩寵と聖霊をこの者にお送りください)」それから全員で主の祈りを唱えた後，司式者が小声でセゼナを唱える。次に，よく聞こえる大きな声で，アドレムスを３度，主の祈りを１度唱え，聖ヨハネによる福音書を読み上げる。そして再び全員で，アドレムスを３度，さらにグラティアとパルキアスを唱えた後，福音書を手に互いにキスを交わし合う。信徒が同席している場合，男性の信徒であれば，同様にキスを交わし合う。女性の信徒であれば，女性同士で福音書を手にキスを交わし合う。最後に,複誦（主の祈りの繰り返し）とヴェニア(赦しを求める祈り)で神に祈りを捧げ,儀式を終える（訳注：パルキアス，アドレムス，グラティア，ヴェニアはいずれも定型的な祈祷の文句の略称。セゼナ，複祷は主の祈りを一定回数繰り返す祈祷形式を指す)。

「リヨン典礼書」

ルネ・ネッリ著『カタリ派の書』(エディシオン・デュ・ロシェ社，1995年）所収

ダブリン典礼書

この典礼書は，２つの文書で構成されている。1つは主の祈りの注釈，もう1つは真の神の教会と〝有害なローマ教会〟に関する説教である。

この教会は，キリストの名のために，迫害や試練，筆舌に尽くしがたい苦難を味わう。なぜなら，キリスト自身がそのような苦難を経験したからである。それは，神の教会を救い，あがなうため，また，その教会が何世紀にもわたり迫害や恥辱，呪詛を受ける運命にあることを行動と言葉で示すためだった。聖ヨハネの福音書第15章20節にも，次のように記されている。「人々がわたしを迫害したのであれば，あなた方をも迫害するだろう」。また，聖マタイによる福音書第５章10～12節にもこうある。「義のために迫害される人々は，幸いである，天の国はその人たちのものである。わたしのためにののしられ,迫害され,身に覚えのないことであらゆる悪口を浴びせられるとき，あなた方は幸いである。喜びなさい。大いに喜びなさい。天には大きな報いがある。あなた方より前の預言者たちも，同じように迫害されたのである」。聖マタイはこうも記している（第10章16節)。「わたしはあなた方を遣わす。それは，狼の群れに羊を送り込むようなものだ」。さらに続く（第10章22～23節)。「また，わたしの名のために，あなた方はすべての人に憎まれる。しかし，最後まで耐え忍ぶ者は救われる。ひとつの町で迫害されたときは，他の町へ逃げて行きなさい」

こうしたキリストのあらゆる言葉が，偽

りのローマ教会の現状といかに矛盾していることだろう。ローマ教会は善や義を担っていると言うが，そのために迫害されてはいない。それどころか，ローマ教会が犯している罪や背信行為に従おうとしない者を迫害し，死に追いやっている。ローマ教会はまた，町から町へ逃げていくこともない。町や村，田舎に領地を持ち，この世の虚飾の中に厳かに鎮座し，国王や皇帝，そのほかの諸侯から恐れられている。ローマ教会は，狼の群れに送り込まれた羊などでは決してない。むしろ，羊や山羊の群れに送り込まれた狼である。あらゆる手を尽くし，ユダヤ人などの異教徒を支配しようとしている。そして何よりも，聖なるキリストの教会を迫害し，死に追いやっている。その一方でキリストの教会は，狼から身を守る術を知らない羊のように，ただひたすら耐え忍んでいるのである。

救慰礼《コンソラメント》

しかし，それにもかかわらずローマ教会の司祭は，自分たちは神の子羊であると言ってはばからない。そして，ローマ教会が迫害しているキリストの教会は，狼の教会であると主張する。だがそれはどう考えてもおかしい。いつの時代でも，追いかけ回し殺すのは狼であり，追いかけ回され殺されるのは羊である。この世が引っ繰り返りでもしないかぎり，羊が猛り狂って狼を食い殺すこともなければ，狼が黙って羊に食い殺されるがままになることもない。(……)

だからこそ，聖なる使徒ヨハネは次のように記しているのだ（ヨハネの手紙一第3章13節)。「だから兄弟たち，世があなた方を憎んでも，驚くことはありません」

この教会は，聖霊による聖なる洗礼を行なう。つまり，按手により聖霊を授けるのである。洗礼者ヨハネもこう述べている(マタイによる福音書第3章11節)。「わたしの後から来る方は（……）聖霊と火であなたたちに洗礼をお授けになる」。私たちの主イエス・キリストは，民を救うために栄光ある玉座からこの世に来たときに，聖なる教会に，この方法でほかの者に洗礼を施すよう教えた。聖マタイによる福音書第28章19節にはこうある。「だから，あなた方は行って，すべての民をわたしの弟子にしなさい。彼らに父と子と聖霊の名によって洗礼を授けなさい」。また，聖マルコによる福音書第16章15～16節にはこう記されている。「全世界に行って，すべての造られたものに福音を宣べ伝えなさい。信じて洗礼を受ける者は救われるが，信じない者は滅びの宣告を受ける」

しかし，虚偽を述べ，欺瞞を広める偽りのローマ教会は，キリストが語ったのは，自分が説教を始める前に洗礼者ヨハネから受けた水による洗礼のことだと主張している。これについては，無数の理由により論駁《ろんばく》することができる。たとえば，ローマ教会の行なう洗礼が，キリストが聖なる教

⇧聖パウロ。グラードの王家のものとされる象牙板（ミラノ，11世紀）。

会に教えた洗礼と同じものだとすれば，その洗礼を受けた人はすべて，滅びの宣告を受けることになるだろう。キリストは「信じない者は滅びの宣告を受ける」（マルコによる福音書第16章16節）と言っている。ところがローマ教会は，信じることも善悪を知ることもできない小さな子供に洗礼を授けている。つまりローマ教会は，その行為により，小さな子供に滅びの宣告をしていることになる。

「ダブリン典礼書」

ルネ・ネッリ著『カタリ派の書』（同上）所収

2 つの説教

以下は，ラングドック地方最後のカタリ派の“よき男”ピエール・オーティエとジャック・オーティエについて，2人の証人が異端審問官の前で供述した内容の記録である。ピエール・モーリという人物が，ピエール・オーティエについて以下のように語っている。

その時この異端者［ピエール・オーティエ］は，私の手を取り，そばに私を座らせました。レーモン・ペルも正面に腰を下ろしました。異端者はこう言いました。

「ピエール，お話ができて大変うれしく思います。話によれば，あなたはずいぶんと熱心な信者だそうですね。あなたが私を信じてくださるのなら，あなたを神の救いの道に導いてあげましょう。うそもつかず，裏切りもしなかった使徒をキリストが救いの道に導いたように。その道を受け継いでいるのは私たちなのです。では，なぜ私たちが異端と呼ばれているのか？　その理由をお教えしましょう。それは，世がわたしたちを憎んでいるからです。世がわたしたちを憎むのは，何も驚くべきことではありません（ヨハネの手紙一第3章13節）。世は，すでに以前，私たちの主を憎み，主やその使徒を迫害したのですから。そのため私たちも，私たちが固く守っている主の教えのために，憎まれ，迫害されるのです。絶えず自らの信仰を守ろうとしているよき人々は，使徒のように敵の支配している場所に行くと，石を投げつけられ，十字架にかけられます。しかし，自分が抱いている揺るぎない信仰について，一言も否定の言葉を発しようとはしません。教会には2つあります。逃げ惑い，罪を赦す教会と，所有し，暴力を振るう教会です。使徒のたどった正しい道を受け継いでいるのは，逃げ惑い，罪を赦す教会です。この教会は，うそもつきませんし，欺きもしません。もう一方の，所有し，暴力を振るう教会とは，ローマ教会のことです」

この異端者はそこまで話すと，この2つの教会のどちらが正しいと思うかと尋ねました。私は，所有し，暴力を振るうのは悪いことだと答えました。すると異端者は続けて言いました。「ということは，真実の道を受け継いでいるのは私たちだということです。私たちは逃げ惑い，罪を赦します」。そこで私はこう言いました。「本当にあなた方が，使徒の真実の道を受け継いでいるのなら，なぜ主任司祭のように，教会で説教をしないのですか？」異端者の答えはこうでした。「私たちがそんなことをしたら，たちまちローマ教会に火あぶりにされてしまいます。ローマ教会は私たちを激しく憎んでいますから」。私は尋ねました。「では，なぜローマ教会はそれほどあなた方を憎んでいるのですか？」異端者は答えて言いました。「私たちが自由に説教をして回れば，ローマ教会の権威が失墜してしまうからです。実際，そうなったら民衆はローマ教会よりも私たちを選ぶでしょう。ローマ教会はひどいうそを言いますが，私たちは本当のことしか言いませんから」

続いてピエール・ド・ガイヤックという人物が，異端審問官ジョフロワ・ダブリに以下のような証言をしている。

［異端審問官から］この異端者たち［ピエール・オーティエとジャック・オーティエ］がローマ教会のことをどのように話していたか聞かれましたので，私は次のように答えました。異端者はこう言いました。ローマ教会に罪を赦す権限はない。ローマ教会は汚れており，悪い行ないや悪い手本しか示していないからだ。ローマ教会がたどっているのは，救済の道でなく堕落の道である，と。異端者はまた，こうも言いました。祭壇に置かれたあのパンは，たとえ最後の晩餐の際にキリスト自身が述べた言葉で祝別したとしても，キリストの肉の実体と化すことはない。それは，何の現実的根拠もない恥知らずな言い草である。なぜならそのパンは，堕落から生まれた堕落のパンだからだ。確かにキリストは，福音書の中でこう言っている。「取って食べなさい。これはわたしの体である」（マタイによる福音書第26章26節）。だがこのパンとは神の言葉のことであり，キリストが同じように〝わたしの血〟と語っているぶどう酒も同じである，と。聖ヨハネの福音書にこうあります。「初めに言《ことば》があった。言は神と共にあった。言は神であった」（第1章1節）。そこから異端者は，福音書で述べられているこのパンとは神の言葉のことであり，その言葉がキリストの肉体なのだと結論づけたのです。（……）

私はさらに，次のように証言しました。異端者はこう続けました。誰も十字架を崇めてはならない。いかなる場合も，十字架が何かの役に立つことなどあり得ない。神は，この十字架上で，大いなる恥辱と死を味わったのだから，と。そして異端者は，こんな例を挙げました。男が，ある木で絞首刑に処されたら，男の家族や友人は，その木を永久に憎むのではないだろうか？

その木をのろい，2度と見たくないと思うに違いない。それならば私たちも，私たちの愛すべき神が処刑された場所を憎むのが筋である。その存在を決して容認してはならない。

洗礼についても，異端者はこう説いていました。ローマ教会の洗礼は，神の命に反した無知《むち》蒙昧《もうまい》な方法で行なわれている。福音書にはこうある。「信じて聖霊の水で洗礼を受ける者は……」（マタイによる福音書第3章11節，マルコによる福音書第16章16節）。しかし，ローマ教会が子供に洗礼を授けるために用いる水は，聖霊の水ではなく，汚れと堕落の水である。そのためローマ教会には，罪をあがなう権限はない。福音書に記された聖霊の水，神が洗礼で用いるよう求めた聖霊の水とは，神の言葉，および神の意に沿ったよい行ないのことだ。よい行ないを実践し，神の言葉を信じる者は誰でも，聖霊の水で洗礼を受けることになる。

外国への宣教活動についても，異端者はこう語っていました。そんなことには何の価値もなく，それにより罪が赦されることなど断じてない。確かに福音書には，次のように記されている。「わたしについて来たい者は，自分を捨て，自分の十字架を背負って，わたしに従いなさい」（マタイによる福音書第16章24節，マルコによる福音書第8章34節，ルカによる福音書第9章23節）しかし，実際のところキリストは，そのままの意味で言ったわけでも，十字架を定着させようとしたわけでもない。外国を訪れた宣教師たちが届ける十字架は，堕落の象徴でしかない。キリストの言う十字架とは，よい行ない，真の悔悛，神の言葉の遵守を表している。それを実践する者は，自分を捨て，堕落の十字架ではない十字架を背負い，キリストに従うことになる。

⇧「レーモン6世の悔悛」。F・トリニによる版画。

「3つの説教」

ルネ・ネッリ著『カタリ派の書』（同上）所収

2 異端審問の時代

1229年，トゥールーズ伯レーモン7世が降伏したことで，ラングドック地方から異端を徹底的に排除するための条件が整い，異端審問制度が確立された。教皇とドミニコ会は，ただちに異端の撲滅に取りかかった。

⇧トゥールーズ伯レーモン7世の印璽（1242年）。

「この地方から異端活動を一掃する」

トゥールーズ大学は，間違いなくローマ教会の総合的な計画の一環として創設された。その計画とは，ラングドック地方に新たな秩序を受け入れさせるための計画であり，1229年11月にトゥールーズで開催された公会議において明示された。大学創設がこの公会議と関係していることは，公会議を発案・企画した人物と大学組織を設置した人物が同じであることからも明らかだろう。その人物とはすなわち，教皇特使の枢機卿ロマン・ド・サンタンジュおよび司教フルクである。さらに言えば，大学の開校式において説教を行なったのも，公会議の開会と閉会の演説を行なったのも，同じ説教師エリナンだった。両者に関係した人物は完全に一致している。

公会議では，以下の2点が議題に上った。「ほとんど信仰が白紙状態のこの地方における異端活動の一掃」「同地方での治安の維持」である。この両議題はどのように処理されたのだろうか？

異端の取り締まり
（訳注：カッコ内の項は公会議決議の条項を指す）

第一に，弾圧，すなわちカタリ派狩りである。狙われたのは，〝完徳者〟と呼ばれる修道者（彼らには一切容赦しなかった）ばかりでなく，単なる〝信徒〟，異端への〝同調者〟もそうだった。また，〝疑わしい者〟も弾圧の対象になった。その定義（第

18項）はなかなか興味深い。「疑わしいと世間で噂されている者，または，信頼・尊敬すべき人物の告発に基づき，司教が疑わしいと判断した者」とされている。さらに，異端者に隠れ家を提供した者（第1，4項），異端者の告発に無関心な者（第5，7，11項），カトリックの司祭による聖体拝領を1年に3度以上怠った者（第13項）も，弾圧対象者のリストに加えられた。

もちろん，弾圧組織は強硬な手段を用いた。その手段は，ここであえて詳述する必要もないほどよく知られている。中でも注目すべきは，組織的な密告を広く奨励したことだ。密告者には（……）金銭による報酬が支払われた（パリ条約第3条）。また，小教区ごとに組織的・計画的な弾圧制度が導入された。14歳以上の男子，12歳以上の女子すべてに宣誓に基づく告発を義務づける（第12項），小教区ごとに監視・捜索委員会を設置する（第11項），カトリック教徒のリストを作成する（第12，13項）などである。

「聖職者およびフランス国民の治安」

処罰は，告発された個人にかけられた嫌疑の度合いにより異なる。処罰を軽い順に列挙すると，もっとも軽いものが職業の禁止である。公式・非公式の行政職や医業などに携わることが禁じられた。次いで，不名誉とされる目印の着用である。ナチスドイツがユダヤ人に着用を強制した黄色の星模様よりもはるかに目立つ，鮮やかな色の十字架模様を身につけさせられた（第10項）。次に投獄（第11項），そしてもっとも重い処罰が，特別法廷への召喚である。異端審問が正式にドミニコ会に委託される1233年以前から，異端審問制度の準備は整っていたのだ。

治安維持対策も同様の考え方に基づいており，きわめて巧妙に異端対策と結びつけられていた。しかし，その対象となったのはカタリ派だけではない。実際，公会議の決議を読めば，治安維持対策の対象となる者の範囲が，カタリ派よりもかなり広いことがわかる。そもそもラングドック地方では，200年以上前から治安が問題視されてきた。11世紀には，暴虐や略奪により農民を搾取していた貴族階級に対し，民間の治安を維持することが，民衆の切なる願いだった。当時，民衆にきわめて近い存在だった一部の聖職者は，やがてこの願いに呼応した。こうして“神の平和”運動が生まれ，相互扶助の誓いにより結びついた数々の治安組織が生まれた。1229年の公会議の決議は，こうした以前の平和運動の方針を巧みに取り込んでいた（第21，22，23項に見られる暴虐に対する戦い）が，平和の理念はすっかり変わってしまっていた。ここではもはや，治安の維持とは，パリ条約に基づく秩序の維持以外の何ものでもなかった。やがて設置された治安機関は，この秩序の守護者である教会と王国に奉仕した。そのため，“治

⇧パリ条約に伴って行なわれた贖罪の儀式。フランス国王ルイ9世の立ち会いのもと，トゥールーズ伯レーモン7世は教皇特使サンタンジュ枢機卿から赦免を受けた。

安を乱す者”は教会および王国の敵と同一視された。その標的にされたのは誰だったのか？　それは，何よりもまず追放貴族だった。すなわち，アルビジョワ十字軍により城塞や封地を奪われ，社会から追放されて以来，ある時には公然と，ある時には秘密裏に戦いを続けていた無数の騎士である。この〝テロリスト〟に対して公会議が定めた攻撃手段は，きわめてありふれたものだった。反抗する者を普通法の犯罪者と同一視する（第36項），家族を人質として拘束する（第30，31項），追撃隊を組織する（第39項）などである。

しかし，1229年の公会議およびそれ以後の時代の雰囲気を十分に理解したければ，個々に制定されたこれらの条項の背後にある考え方，公会議全体を支配していた精神を分析すべきだろう。告発されることになったのは，カタリ派にかかわる者だけではない。あらゆる逸脱者や離反者が告発の対象になった。たとえば教会は，地下の隠れ家（中世南フランスの文献ではクリュゼルと呼ばれる）を徹底的に潰した（第1，3項）。その結果，大地や母神像を崇める古くからの土着信仰は完全に息絶えた。考古学的調査によれば，中世初期にはまだ根強く信仰されていたらしい。また，ユダヤ人も標的にされた。公会議の決議では直接言及されていないが，少なくともパリ条約には記載がある。それまでは完全に容認され，要職にさえ就いていたのだが，以後カトリック信徒の贖罪のいけにえとなった。政治的・社会的な面でも同じような傾向が見られる。既存のあらゆる連合，同盟，団体が解散させられるとともに，新たな団体の結成が禁じられ，違反者には重大な罰金が課せられた（第38項）。領主に対する封臣の謀反は，冒涜的行為と見なされた（第34項）。破門は，宗教的な罪を犯した者にとどまらず，王国や教会の領地や城塞を侵害する者にも適用されることになった（第39項）。

この弾圧の論理を推し進めていった当然の帰結として，福音書そのものも禁止となった（第14項）。ラテン語のままであったとしても，福音書を信徒の手に委ねるのはあまりに危険すぎた。そこで翻訳しないことを条件に，いくつかの宗教書のみを許可した。そのような状況の中，神の言葉はどのように民衆に伝えられたのだろうか？

実際，民衆は，大学で神学を修め，きわめて排他的な閉鎖集団の一員と化した聖職者から，神の言葉を聞くしかなかった。

P・ボナシー＆G・プラダリエ著『レーモン7世の降伏とトゥールーズ大学の創設（1229～1979年）』（トゥールーズ＝ル・ミライユ大学，1979年）

トゥールーズ公会議の決議

1.　大司教と司教は，都市・農村を問わず，教区ごとに司祭や評判のよい一般信徒2，3名（必要があればそれ以上）に宣誓させ，教区に住む異端者の捜索を行なわせる。捜索を任された者は，献身的かつ忠実かつ熱心に取り組み，疑わしい家や地下室をくまなく捜すとともに，物置，屋根裏部屋など，隠れ家になりそうなありとあらゆる場所を取り壊す。異端者を発見した場合には，それが異端の信奉者，異端の宣伝者，異端者に隠れ家を提供し保護した者いずれであれ，まずは逃がさないための措置を講じる。その後あらゆる手段を利用して大司教，領主，もしくは地方代官に速やかに告発し，相応の処罰を依頼する。

2.　免属（訳注：修道院や修道士を司教の支配から解除して教皇の直属とすること）を受けている修道院の院長は，司教の権限に従属しない修道院の領有地に対し，同様の調査を行なわせる。

3.　地方領主も同様に，村，家，森で異端者の捜索を行なわせる。物置，家に付属する建物，地下のあらゆる隠れ家を取り壊す点も同様である。

4.　金品その他の理由により，異端者と承知の上で自分の地所に異端者を住まわせた事実を認めた者は，永久にその財産を失う。その身柄は，正当な権利を持つ領主に引き渡される。

5.　暗黙の了解があったかどうかを問わず，異端者を自分の地所に出入りさせていたことが証明された者，あるいはその事実により告発された者は，相応の処罰を受ける。

6.　異端者が発見された家は取り壊す。その家が建っていた地所は没収する。

7.　異端の存在が疑われる地域に住んでいながら，異端者の捜索に関心や熱意を示さない地方代官は，財産を没収される。

以後その地域でもほかの地域でも，代官を務めることはできない。(……)

9.　何人であれ，他人の地所で異端者を捜索・拘束することができる。地方代官は，この捜索に同意し，協力しなければならない。つまり国王の代官は，トゥールーズ伯やその他の領主の領地を捜索することができる。その逆も同様である。

10.　異端の修道者が自分の過ちを認め，自発的に異端の教義を放棄し，カトリック信仰に復帰したとしても，その界隈に異端者のいる疑いがある場合には，これまで住んでいた場所にとどまることはできない。このような異端者には，過去の過ちを放棄した証として，2つの十字架模様を身につけさせる。はっきりと目立つように，衣服の色とは異なる色の十字架模様を，1つは右側に，1つは左側に着用させる。しかし，この十字架模様の着用だけで赦されるわけではない。赦されるには，第三者の立ち会いのもと，司教から赦免状を受け取ることが必要である。また異端者は，悔悛したとしても，公職から追放され，法的無能力者となる。ただし，要求される贖罪行為と引き換えに，教皇や教皇特使からあらゆる権利を返還された場合は，そのかぎりでない。

11.　死の恐怖などの理由により，自発的ではない形でカトリック信仰に復帰した異端者は，司教の命により独房に入れ，そこで悔悛させる。こうして誰かを感化することのないようにするのである。以後の生活については，司教の指示に従い，異端者の財産を受け取った者がその面倒を見る。何の財産も持っていなかった者は，司教がその面倒を見る。

同上

[3] 1244年のモンセギュール

現在残っているモンセギュールの遺跡は，カタリ派の神殿でも城塞でもない。モンセギュールが陥落した1244年から50年後に，フランス王国が建造した城塞である。そのころには，山の平坦な頂にかつて存在したレーモン・ド・ペレイユのカストルムは廃墟と化していた。それは“城塞”というより，むしろ村だった。

⇧モンセギュールへの道。116頁上は城塞の見取り図。

自由の遺灰

私たちは現在，事実と考えられることを入念に調べ上げ，事実かもしれないことをより慎重に検討することで，モンセギュールについて確実にわかること，その真の歴史を明らかにしようとしている。だが，こうした試みにより，モンセギュールが悲劇的な運命に翻弄されたという事実が変わるわけではない。

しかしモンセギュールは，カタリ派が夏至の日に“マニ教的な”祭りを行なった太陽の神殿などではない。そもそも夏至の日は，カタリ派が嫌う洗礼者ヨハネの祝日である。また，その山の中に地下聖堂があり，カタリ派の重要人物であるエスクラルモンド・ド・フォワの墓が隠されているわけでもない。もちろん，聖杯の城でもない。聖杯は聖体のシンボルだが，カタリ派は実体変化を信じず，カトリックの聖体拝領を嘲笑していたので，聖杯など必要とするはずがないのだ。さらに言えば，そこは地球の光と宇宙の光が交錯し火花を散らす場所でもなければ，世界の軸の周りを回る城がある場所でもない。こうした伝説は，モンセギュールの真実を全く伝えていない。果てしなく紡ぎ出される悪趣味な物語や無数の戯言は，かえってモンセギュールの真の意味を覆い隠し，かき消してしまうだけである。モンセギュールの真の意味とは，その地が，一握りの男女が情け容赦ない権力と熾烈かつ悲壮な戦闘を行ない，火

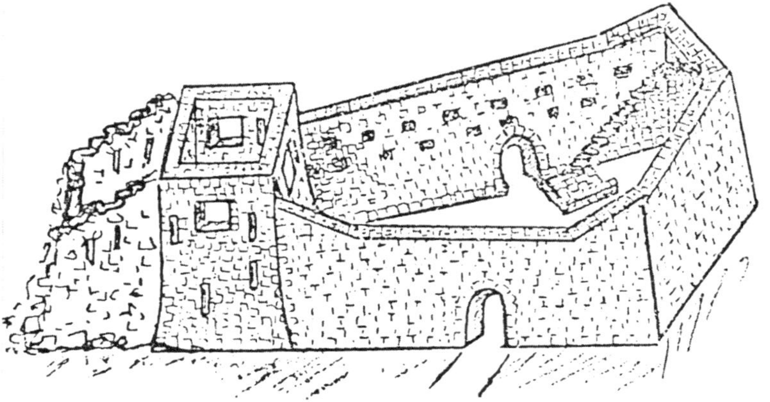

刑に処された場所だということだ。それは，もっとも崇高な自由である信教の自由，自分で選んだ宗教を信じる自由のための戦いだった。

モンセギュールの歴史は，人間的な次元に引き戻され，血と肉を与えられることで，ますます悲痛なものとなった。

ミシェル・ロクベール著『モンセギュール——自由の遺灰』（プリヴァ社，1992年）の序文

モンセギュールのカタリ派の歴史

モンセギュールは山頂のカストルムだった。いわば要塞化された村であり，その立地のおかげで数多くの戦争の被害を免れてきた。そこはフォワ伯領内にあったトゥールーズ伯領の飛び地で，ペレイユ家が領主を務めていたが，同家はやがてカタリ派を信奉するようになる。というのは，12世紀末にトゥールーズとバルセロナとの戦いにより廃墟と化したこの地に，13世紀初頭から異端のコミュニティが住み着き，村を形成していったからだ。レーモンの母親で，先代の領主の夫人であったフォルネイラ・ド・ペレイユも，モンセギュールのカタリ派の"よき女"だった。息子のレーモンは，若くして領主を継ぐと，十字軍の時代から同地に居を構え，そこで暮らしていた。

諸侯が十字軍を指揮していた時代には，モンセギュールはファンジョーの貴族階級の女性や子供の格好の避難場所となった。トゥールーズのカタリ派教会の司教ゴーセルムや大子ギラベール・ド・カストルも，同地に避難している。1229年，パリ条約によりトゥールーズ伯が降伏すると，間もなくペレイユ家は異端審問官による欠席裁判で告発された。しかし，教会や王国

の権威に従属しようとしない支持者や追放貴族の一族やその仲間が，ペレイユ家のもとに集まってきた。やがてモンセギュールに，女性や従者や兵卒を交えた小さな騎士団が組織された。こうしてカストルムの規模は，ペレイユ家の古い城館を中心にさらに広がっていった。(……)

1232年，レーモン・ド・ペレイユは，トゥールーズで地下活動を行なっていたカタリ派教会の司教をモンセギュールに受け入れた。おそらくはアジャンやラゼスの司教も受け入れたものと思われる。それまでトゥールーズ伯を盟主とする政治的・軍事的抵抗の拠点だったモンセギュールは，それ以後，ギラベール・ド・カストル司教を中心とする宗教的抵抗の拠点ともなった。禁じられた教会の中心地と化したのである。そこから“よき男”や“よき女”が，異端審問の密告者の目が光る地へ，危険な宣教の旅に出かけていった。また，宗教的希望がまだ息づいているモンセギュールを目指し，数多くのカタリ派信徒や，満足のいく死に方を求める病人たちが，山を登っていった。

修道施設も，傾斜地に造成された目もくらむような棚地の上，岩の斜面や張り出した断崖のきわにいくつも建設された。とはいえ，いずれも木材と荒壁土で作ったつましい仮小屋であり，それが網の目のように走る階段状の小路で互いに結ばれていた。“よき女”のコミュニティは，そこで糸を紡ぎ,縫い物をした。“よき男”のコミュニティは，そこで胴衣を仕立てた。村の粉屋やパン屋も，“よき男”や“よき女”である。この奇妙なカストルムを構成するのは，“よき男”や“よき女”と騎士や兵士，あとは女性や子供だった。

将来の見通しが危うくなってくると，レーモン・ド・ペレイユは長女のフィリッパを，将来の軍事的指導者と目される騎士ピエール・ロジェ・ド・ミルポワと結婚させた。この男とモンセギュールの領地を共同統治しようというのである。1240年になるとピエール・ロジェは，追放貴族とともに，トランカヴェル家のレーモン２世の反乱に参加した。そして1242年５月，トゥールーズ伯の密使の求めに応じ，アヴィニョネに派遣する追放貴族の一党を組織した。ローラゲの森を占拠していた追放貴族ピエール・ド・マズロルと連携し，異端審問官を暗殺するためである。

アヴィニョネの暗殺

イギリス国王やラ・マルシュ伯との同盟を勝ち得たトゥールーズ伯は，戦争のきっかけとして暗殺を計画した。そのころローラゲ地方のアヴィニョネに，巡回異端審問所が設置されていた。暗殺の対象となったのは，そこに駐留していた２人の異端審問官，ドミニコ会のギヨーム・アルノーとフランシスコ会のエティエンヌ・ド・サン＝ティベリである。モンセギュールの一党は伯の手足となり，異端審問官２人とその随行員を殺し，告白・証言・告発内容を記した審問録を切り裂いた。その知らせを聞いた民衆は，喜びの声を上げ，こう叫んだ「Cocula carta es trencada!（あの憎むべき証書が引き裂かれた！）」そして一斉に蜂起すると，伯はもはや避けることのできないフランス国王との戦争に突入した。

しかし残念ながら，同盟軍はサントやタイユブールでフランス王国軍に打ち負かされ，戦争は敗北に終わった。伯が1243年にロリスで条約に調印すると，民衆は再び降伏した。やがて戦争を引き起こした代償は高くつくことになる。ローマ教皇とフランス国王は，アヴィニョネで神聖にして侵すべからざる教会の聖職者を暗殺したのは，モンセギュールの人間だったことを突き止めていた。ヒュドラの首を切り落とさなければならない。摂政ブランシュ・ド・カスティーユはそう宣言した。

1243年の夏の初め，南フランスの司教の呼びかけにより十字軍が組織されると，カルカソンヌの行政官に率いられた軍勢がモンセギュールの山を包囲した。それに対し，ピエール・ロジェ・ド・ミルポワは，近隣の村で小麦や家畜を調達して食糧を確保した。カストルムには十字軍の大軍勢に比べ，わずか50名ほどの騎士や兵士しかいなかったが，山の険しい地形が十字軍の行く手を阻んでいた。そのためしばらくは，使者や訪問者も包囲軍の前線を難なくすり抜けることができた。

しかしその年の冬になると，一気に包囲網が狭められた。十字軍が，山の一角を守っていたモンセギュールの哨所を急襲した後，山頂を目指して進攻したのだ。やがて村の城壁付近にまでたどり着くと，投石器などの大型兵器を使用し，重い石の砲弾でみすぼらしい家々の屋根を打ち壊していった。たちまち劣勢に陥ったモンセ

⇧モンセギュールのカストルム。

ギュールのピエール・ロジェは，1244年3月1日，最終的に降伏する前に15日間の休戦を申し出た。十字軍のこれまでの慣例によれば，降伏後，改宗を拒む強情な異端者は火刑に処せられるだろうが，一般信徒は火刑を免れられるはずだった。

モンセギュールの真実

ところが，休戦期間が切れる3日前，一般信徒およそ20名が，トゥールーズ司教ベルトラン・マルティ（年老いたギラベール・ド・カストルの後を継いでいた）やラゼス司教レーモン・アギュレから救慰礼《コンソラメント》を受けたいと訴えた。一般信徒のままであれば

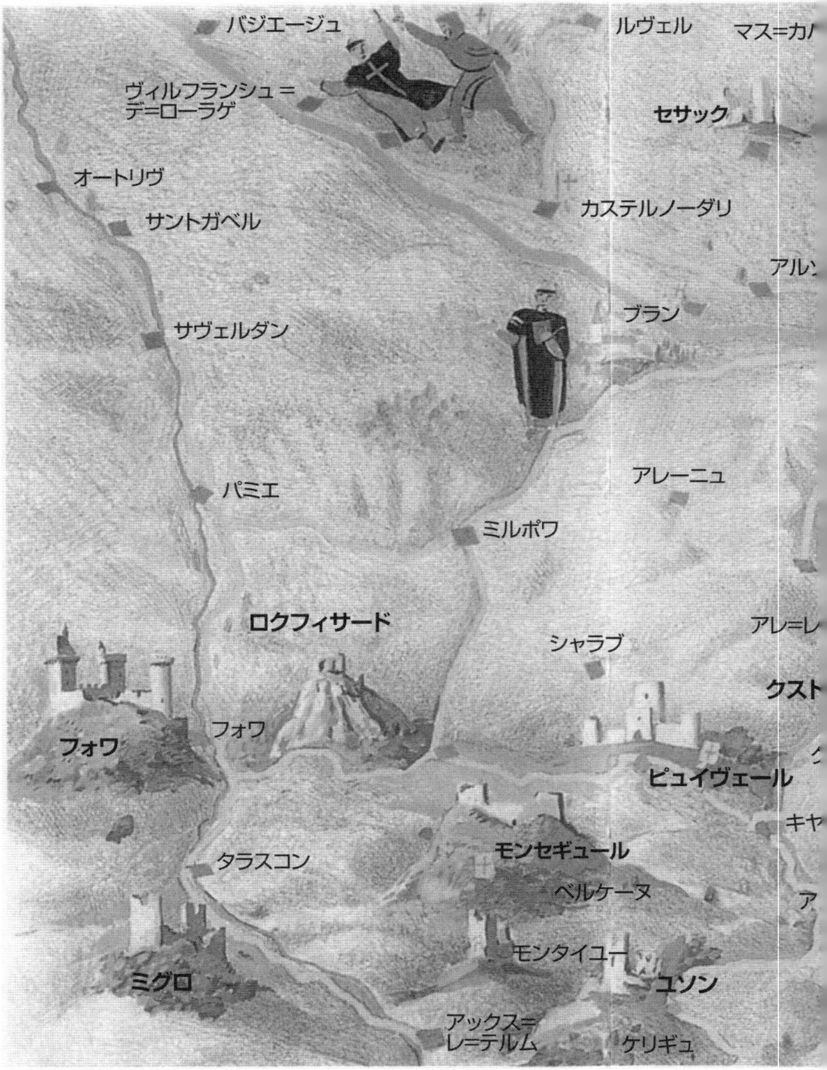

⇧カタリ派の拠点とカストルム。

サン=シニアン
ミネルヴ
ラストゥール
ペリアック=ミネルヴォワ
カルカソンヌ
フォンフロワド
ラグラス
ヴィルルージュ＝
テルムネス
デュルバン
テルム
アルク
ムトゥメ
ンヌ=レ=バン
アギラール
ペルペルテューズ
テュシャン
ケリビュス
サルス
ラデル
エスタジェル
スルニア
イローランス

命が保証されているにもかかわらず，あえて“よき男”になろうとしたのである。救慰礼を願い出た者の中には，レーモン・ド・ペレイユの妻であるコルバ夫人，その娘エスクラルモンドのほか，大勢の騎士や兵士がいた。妻と一緒に希望する者もいたという。この分野に精通していた年代記作者ギヨーム・ド・ピュイローランスによれば，休戦明けの1244年３月16日の朝には，モンセギュールに225名の“よき男”や“よき女”がいた。ギヨームはこう記している。「“よき男”や“よき女”は杭で作られた囲いの中に投げ込まれ，火をつけられた。火刑の炎はたちまち地獄の炎と化した」

225名の“よき男”と“よき女”は，イエス・キリストの聖なる洗礼を受けた時に立てた誓願に従い，自らの信仰を守り，真のキリスト者として死ぬ道を選んだのだろう。この悪に満ちた世界で，福音書の言葉を身をもって証明することで，彼らの魂は救われたのだ。

ピエール・ロジェ・ド・ミルポワが十字軍の指揮官に15日間の休戦を願い出た真意はどこにあったのだろう？　それはもちろん，モンセギュールのカタリ派教会の人間が，身辺を整理し，心安らかに死ぬ準備をするためにほかならない。“よき男”や“よき女”は，残っていたつましい財産を信徒に分配した。教会が蓄えていた金銭は，イタリアへ送る手はずを整えた。クレモナに逃れているラングドック地方のカタリ派教会に利用してもらうためである。だが，何よりも信徒たちは，トゥールーズ伯が援軍に来てくれることを，最後の日まで待ち望んでいた。トゥールーズ伯は，これまでに数回モンセギュールに使者を送り，この窮境を耐え抜くよう民衆を鼓舞していたが，結局援軍を送ることはできなかった。

モンセギュールのカタリ派の一般信徒やそのほかの生き残りは，異端審問官のフェレール修道士の書記の前で次々と証言させられた。そのうち19名の証言が記録に残っており，カストルム内の生活や包囲戦の状況を詳細に伝えている。モンセギュールの地は，降伏の後，ギー・ド・レヴィの手に渡った。アルビジョワ十字軍の際にシモン・ド・モンフォールの補佐官として活躍し，ミルポワの領主となった人物である。こうしてモンセギュールは，法律上ギー・ド・レヴィのものとなった。しかし異端審問官は例のごとく，異端の不敬虔な儀式が何度も執り行なわれた村に対し，取り壊しを命じたと思われる。そして当分の間，礼拝堂以外の建物の再建を禁じた。異端の拠点だったこの地が取り壊された後，最初に建設されたのはこの礼拝堂だったかもしれない。やがて14世紀初頭になると，フランソワ・ド・レヴィが，山頂の平坦な部分に小さな美しい城塞を建造した。これは軍事建築の傑作だったが，現在ではすっかり荒れ果ててしまっている。現在，地道な考古学的調査が行なわれているが，カタリ派の“よきキリスト者”が住んでいた村をしのばせるものは，傾斜地に造成されたいくつかの棚地と，みすぼらしい家屋の土台ぐらいしかない。

アンヌ・ブルノン著『カタリ派小論』
（ルーバティエール社，1996年）

モンセギュール最後の時

異端者を指導していたのは，言うまでもなくベルトラン・マルティ司教である。異端者たちは鎖につながれ，村から火刑の準備が行なわれている場所まで坂道を手荒く引きずられていった。

モンセギュールの山を上り下りできる道は，南西面にしかない。そこに，現在クレマ（“焼かれた者”を意味する）の場と呼ばれる開けた場所がある。急峻な坂を，村から200メートル以上下ったところだ。ギヨーム・ド・ピュイローランスによれば，異端者は“山のすぐそばで”火刑に処されたという。

村で完徳者たちが死ぬ覚悟を決め，友人に別れの挨拶をしていたころ，フランス王国軍は一部の兵士に命じ，この包囲戦の最後の仕事として，200名の異端者を焼き殺すのに必要な薪を運ばせていたに違いない。（……）それほどの人数の異端者を，1人ずつ杭に縛りつけているような時間はなかっただろう。いずれにせよギヨーム・ド・ピュイローランスは，異端者を囲いの中に閉じ込めたとしか記していない。

病人や負傷者は，薪の山の上に投げ捨てるように置かれただけだろうが，ほかの者は，愛する人や両親のそばにいることができたかもしれない。モンセギュールの領主夫人は，年老いた母親や病気の娘のそばで死ぬことができたのだろうか？　妻とともに救慰礼を受けた兵士は，妻のそばでこの世を去ることができたのだろうか？

うめき声，武器の触れ合う音，囲いの四隅に火をつける死刑執行人の叫び声，聖職者の唱える賛美歌が聞こえる中，司教は信徒に最後の説教を行なったのだろうか？　炎が勢いを増すと，死刑執行人や兵士は，巨大な炎とともに広がる煙や熱気を避けるため，火刑の現場を遠巻きに眺めていたに違いない。数時間後には，囲いの中に閉じ込められた200本の生きたたいまつは，ところどころ血で赤く染まった黒焦げの肉塊と化した。遺体はいずれも，互いに寄り添うように折り重なっていたことだろう。ひどく不快な焦げ臭いにおいは谷中に広まり，村の城壁にまで達した。

村に残っていた信徒たちは，大きく燃え上がった火刑の炎がやがて少しずつ収まり，黒ずんだ濃い煙が山を覆っていく光景を上から見ていたかもしれない。炎が小さくなるにつれ,吐き気を催すようないがらっぽい煙は次第に濃くなっていったことだろう。こうして夜の間には，さしもの猛火もゆっくりと燃え尽きていったと思われる。山のあちこちに天幕を張り，火を囲んで座っていた兵士たちの目には，煙の下で揺らめいている赤いおきが遠くからでも見え

⇧オーギュスタン美術館（トゥールーズ）の柱頭の部分。

たに違いない。だが，カタリ派教会の財産を委託された4人の男が，火刑場のすぐ前の岩壁をロープを伝って下りていったことには気づかなかった。

ゾエ・オルダンブール著『モンセギュールの火刑』（ガリマール社）

4 ヴァルドー派，フランシスコ会聖霊派，使徒兄弟団

異端審問制度が確立されたのは，カタリ派に対抗するためだった。しかし13世紀以降，そのほかの宗教運動も異端として告発の対象となった。

⇧拷問にかけられるヴァルドー派の信者。1241年。

中世ヨーロッパの異端

異端審問は，ヴァルドー派をあまり効率的に取り締まることはできなかった。ヴァルドー派は，カタリ派教会ほど明確に組織化されていなかったため，隠れて生き延びることが比較的容易だったからだ。12世紀初めから，福音に沿った清貧生活や神の言葉の自由な宣教を求める運動が，西ヨーロッパに広まった。リヨンのヴァルドーは，1170年ごろに神の召命を受け，それを実行に移したのである。妥協を知らないカトリック教会は，次第にヴァルドー派を分離派として，次いで異端として排斥した。しかし，このヴァルドー派（その土地により“リヨンの貧者”“ロンバルディアの貧者”とも呼ばれた）の運動は，13世紀初頭の托鉢修道会の出現，とりわけフランシスコ会の誕生を促すことになる。迫害が進むにつれ，ヴァルドー派は次第に急進化していくとともに中部ヨーロッパに広まっていき，やがてフス派と，1532年には宗教改革を進めるプロテスタント勢力と合流した。

ヴァルドー派は，ローマ教会の権威主義的な位階制を拒否し，聖職者に値しない者の手で行なわれる秘跡には効果がないと主張した。また，13世紀半ばにフランシスコ会の急進改革派として登場した聖霊派は，聖フランチェスコの手本に忠実に従うことを旨とし，異端弾圧に積極的に参加しているフランシスコ会修院派のあり方

に異議を唱えた。聖霊派は，ラングドック地方でフランシスコ会第三会（在俗修道会）の支持を受けて発展すると，やがてヨアキム主義者（フィオーレのヨアキムの直接・間接の継承者）の黙示録的世界観を受け入れた。そして，聖霊の教会が，暴力と富で支配するあまりに物質的なローマ教会を葬り去るために間もなく到来すること，いずれ聖霊の時代が子の時代に取って代わることを告げ知らせた。イタリアでは，ジェラルド・セガレッリやフラ・ドルチーノの率いる使徒兄弟団が同様の運動を展開し，聖霊の教会とこの世の正義を求める宗教運動を頂点にまで導いた。

14世紀最初の数十年間に異端審問官は，ラングドック地方の聖霊派やそれを支持する在俗会（ベガン派），およびイタリアの使徒兄弟団の大規模な火刑を行なった。ちょうど最後のカタリ派が火刑に処されたころである。しかし，腐敗した教会の道徳的・神学的改革と社会正義を求める運動は，イギリスのジョン・ウィクリフやその衣鉢を継ぐロラード派に，あるいはボヘミアのヤン・フスやターボル派に受け継がれていった。

アンヌ・ブルノン，「コンシリウム」誌（1997年）より

清貧を貫き，独自に神の言葉を説いて回ったヴァルドー派

ヴァルドー派は，中世の一般キリスト教信徒の間に巻き起こった福音主義運動の好例である。12世紀末に希求された清貧を理想とする霊的生活を実践するとともに，ローマ教会から離れて独自に神の言葉を説いて回った。ヴァルドー派の開祖は，ピエールという名で呼ばれることもあるリヨンの裕福な商人ヴァルドーである（架空の人物とする説もある）。ヴァルドーの経歴は，30年後に登場するアッシジの聖フランチェスコの経歴に酷似している。そのため，後の時代にフランチェスコの物語にならってヴァルドーの物語が作られた可能性もあるが，確証はない。

伝えられる話によると，ヴァルドーはリヨン大司教の目の前で，妻と2人の娘の持ち分以外の財産をすべて貧者に分配したという。妻や娘がその後，フォントヴロー修道院に入ったというのも偶然ではないだろう。1170年ごろにヴァルドーが清貧の道に入ろうと思ったのは，マタイによる福音書に次のような一節があったからだ。「もし完全になりたいのなら，行って持ち物を売り払い，貧しい人々に施しなさい。そうすれば，天に富を積むことになる。それから，わたしに従いなさい」（第19章21節）（……）

やがてヴァルドーにつき従う者が現れ始めると，彼らは“リヨンの貧者”と呼ばれるようになった。リヨンの貧者は男女混

⇧迫害を受けるピエモンテのヴァルドー派。

成のコミュニティを形成し，各地で民衆に説教をして回ったため，大司教ギシャールに疎まれ，リヨンから追い払われた。1179年には教皇アレクサンデル3世が，“福音にかなった清貧に身を包んだ”ヴァルドーを第3ラテラノ公会議に温かく迎え入れ，大司教の判断に従うよう勧告した。この公会議でリヨンの貧者に会ったウォルター・マップは，その様子を年代記にこう記している。

「彼らは家を持たず，羊毛の幄衣《あくい》を身につけ，裸足のまま，2人ずつ組になって町を歩いている。個人では何も所有せず，使徒のようにあらゆるものを共有している。そして，裸のキリストに仕える際には裸になる」

この公会議ではまた，リヨンの貧者とロンバルディアの貧者が初めて顔を合わせた。1180年3月ヴァルドーは，大司教と教皇特使クレルヴォーのアンリから，あらゆるアルノルド派的な信仰や二元論を拒否する信仰告白を強制された。しかし，その後もヴァルドー派は民衆への説教をやめなかったため，2年後にまとめて破門を宣告され，以後火刑の対象とされることになった。ヴァルドーはそれに対し，使徒言行録の次の一節を引用して応えたという。「人間に従うよりも，神に従わなくてはなりません」（第5章29節）

アンヌ・ブルノン著『カタリ派の素顔』
（ルーバティエール社，1995年）

5 カタリ派研究

20世紀のカタリ派研究者には，歴史修正主義と対決する気構えがなければならない。これまで信じられてきた事柄をあえて疑問視する姿勢が必要とされているのだ。ジョルジュ・デュビーの次の言葉を忘れてはならない。「私たちは，異端を追い詰め，制圧した側の人間の記録，告発文書，論駁《ろんばく》書を通してしか，異端について知ることはできない」

カタリ派研究者が陥った罠

カタリ派はカトリック教会に敗北し，歴史から抹殺される運命をたどった。そのためカタリ派については長い間，カトリック教会側（主にドミニコ会の異端審問官）の文献からしか知ることができなかった。カトリックの神学者たちは数世紀にわたり，この問題についてカトリック擁護論を展開してきた。そのため1950年代ごろまでは，カトリック教会の行為は正しかったのだという確信が一般に浸透しており，カタリ派の事件はすでに解決済みのものとされてしまっていた。このような考え方を代表しているのが，1953年に出版されたアルノ・ボルスト著『中世の異端カタリ派』である（訳注：邦訳は藤代幸一訳，新泉社，

⇧カタリ派研究センターの図書館。

1975年)。カトリック擁護論では，アルビジョワ十字軍や異端審問にまつわる悲劇的な事件が極端に相対化されている。マニ教など東方の宗教の影響を受けた異端は社会秩序を脅かす危険な存在であり，十字軍や異端審問は，キリスト教世界を守るために最低限なくてはならない必要悪だったと考えられているのだ。

中世キリスト教世界の膿《うみ》

つまりカタリ派は，中世キリスト教世界に膿として付着し，壊疽《えそ》のように蔓延する異物であり，その世界を守るためには，カタリ派を拒絶するしかなかったというわけである。

しかし1950年代ごろから，そのような考え方に疑問を抱く中世史研究者が現れ始めた。そして，中世の異端の本当の姿や，異端が西ヨーロッパ社会の発展に果たした役割を追い求めて資料を批判的に読み直し，真相を覆い隠していたベールを剥ごうとした。こうした研究は，わずか20年足らずの間に画期的な資料がいくつも発見されたことで，飛躍的に発展した。その資料とはカタリ派側の文書，すなわちカタリ派の論説書2種（その1つは有名な『二原理の書』）とラテン語またはオック語のカタリ派典礼書3種である。それまでヨーロッパ各地の図書館で眠っていたこれらの資料は，問題の諸要点の再考を迫るものとして，一躍研究・出版の対象となった。1959年には，ルネ・ネッリがフランス語に翻訳し，『カタリ派の書』（ドノエル社）として出版している。

作り話から解放されたカタリ派

中世にマニ教的異端として告発・迫害されていたカタリ派も，それらの書では，自らのことを“キリスト教徒が真に求めるもの”と記している。1970年代から80年代にかけて，さまざまな面において中世史が再考されるようになり，異端が現れ始めた西暦1000年ごろの様子やロマネスク時代の修道院文化について明らかになるにつれ，これまでのカタリ派像は一新され始めた。そうした研究の先駆者と言えるのが，ジャン・デュヴェルノワである。デュヴェルノワは，『ジャック・フルニエ審問録』により，南フランスのカタリ派一般信徒について初めて人間的・社会的分析を行なった。さらに1976年には，『カタリ派』と題する大著の第1巻として，プリヴァ社から『カタリ派の信仰』を出版した。これによりカタリ派は，ようやく作り話や幻想から解放されることになる。

歴史的事実を求めて

1982年には，ルネ・ネッリとジャン・デュヴェルノワの肝煎りで，ロベール・カプドヴィルが県会議長を務めるオード県にカタリ派研究センターが創設された（ネッリの死後はその名前を冠し，ルネ・ネッリ＝カタリ派研究センターという名称になった)。このセンターは開設以来，幅広い文献・資料を活用し，カトリック教会の影響を排した歴史研究を進めている。さらに，国際的な研究チームを組織し，専門誌「異端」の発行，年次討論会の開催，大学研究の推進なども行なう。一般大衆への発信も忘れてはいない。現在,カルカソンヌの“メゾン・デ・メモワール”内に設置されているセンターは，オード県の協力のもと，“カタリ派関係の公共サービス機関”の役割を果たしている。関心のある市民へ膨大な蔵書を開放し，参考資料のアドバイスを行うほか，講演や教育アニメーションの企画も手がけている。

アンヌ・ブルノン，1997年4月

カタリ派に関連する簡易年表

年・世紀	おもな出来事
325	ニカイア公会議でアリウス説が異端とされる。
381	コンスタンティノポリス公会議でキリスト教正統派の教義が確立,宣言される。
384	禁欲主義を唱えていたアビラの司教プリスキリアヌスが異端として斬首される。
970年頃	ブルガリアの司祭コズマが異端（ボゴミール派）を厳しく批判する論文を発表する。
10世紀後半	領主の暴政や略奪に対し，キリスト教を精神的支柱として抵抗した民衆の“神の平和”運動が始まる。
1000年頃	黙示録（世界の終わり）の予言が成就されるのではないかとの風聞がキリスト教世界に広まる。
11世紀頃	この世は，絶えず善と悪が対立する世界とみなす世界観（善悪二元論）が浸透する。
1022年	オルレアンの司教座聖堂参事会員12名が，聖体の秘跡のあらゆる価値を否定したため，異端として火刑に処される。
11世紀半ば	三位一体論にまつわる解釈の違いにより，西のローマ・カトリック教会と東の正教会に分裂する。
11世紀後半	教皇グレゴリウス7世が原始キリスト教会の理想を掲げ，聖職者の綱紀粛正を図った（グレゴリウス改革)。
11世紀末以降	異端と並んで異教徒（イスラム教徒など）が敵視されるようになり，十字軍の結成につながっていく。
1098	モレームのロベールによりシトー会が創設される。シトー会の聖ベルナルドゥスは，十字軍を呼びかけ，テンプル騎士団の創設に手を貸すなど，1130年以降の“戦う教会”の急先鋒となる役割を担った。
12世紀初頭	ボゴミール派の重要人物，バシレイオスという医師が，皇帝アレクシオス1世の命により火刑に処される。
1135年前後	神聖ローマ帝国領リエージュで，司教命令により異端者の一斉捕縛や火刑が行なわれたという記録がある。
1143	シュタインフェルトのエウェルウィヌスが,クレルヴォーのベルナルドゥスに,異端に関して警戒を促す手紙を送っている（カタリ派を知るうえで貴重な資料)。
1145	ベルナルドゥスや教皇特使がアルビやトゥールーズを訪れ,反教権主義を唱える民衆の説得に乗り出す。
1157	ランス公会議が開催される。
12世紀半ば	トゥールーズやアルビの地域に，福音主義を唱える異端者が男女混成のコミュニティを形成する。また，ラングドック地方では，カタリ派教会が公然と黙認され，勢力を広げる。

1165	ロンベールに異端神学を信奉するコミュニティが現れる。この地を指導していたのは，アルビのカタリ派司教を務めていたシカール・セルリエだったと思われる。また，当地でカトリックの高位者とカタリ派司教の代表団との公開討論が開催される。
1167	ヨーロッパの異端教会の代表者がサン＝フェリクスのカストルムに一堂に会し，異端会議が開催される（議長を務めたのはボゴミール派のコンスタンティノープル司教ニケタス）。
1184	教皇ルキウス3世がヴェローナの教皇勅書を発布し，異端対策を一元化する。
1194	異端を黙認し，好意さえ示して破門されたトランカヴェル家のロジェ2世が危篤に陥った際，有名な異端者に息子（1209年にアルビジョワ十字軍に殺害される）の世話を頼んでいる。また，トゥールーズ伯レーモン6世が，カタリ派教会に対するあらゆる強圧的な行為を中止させた。
12世紀末	イタリアのカタリ派教会がいくつもの教会に分裂し，相対立するようになる。
1208	教皇特使ピエール・ド・カステルノーが暗殺されたのを機に，インノケンティウス3世がトゥールーズ征伐のための（アルビジョワ）十字軍を招請する。
1209	アルビジョワ十字軍がこの後20年に渡り，ローヌ渓谷からケルシーに至る地域を蹂躙する。
1215	インノケンティウス3世の命で，第4ラテラノ公会議が開催される。
1220年頃	カタリ派が記したラテン語の書物は，この時期に書かれた。
1229	トゥールーズ伯レーモン7世が，十字軍を率いるフランス国王ルイ9世に降伏。パリ条約を結ぶ。
1240年頃	カタリ派が記した書物『二原理の書』は，この時期に書かれた。
1242	アヴィニョネで異端審問官が惨殺される事件を機に，レーモン7世は民衆の暴動を引き起こし，再起を図るために戦争に突入する。
1243	レーモン7世，ルイ9世に降伏。
1244	カタリ派の牙城だったモンセギュール城が陥落し，200名以上のカタリ派完徳者が火刑に処された。
1250年頃	現存するカタリ派彩色写本『リヨン典礼書』は，この時期に書かれた。
1300	オクシタニアで生き残ったカタリ派が10年にわたって再建を目指したが，異端審問官による大規模な捜索・処刑により，カタリ派が完全に消滅する。
14世紀末	カタリ派が記した典礼書（アルプス地方のオック語）は，この時期に書かれた。また，この時期にブルガリアやボスニアのカタリ派が姿を消す。
15世紀初頭	イタリアのカタリ派が完全に一掃される。
1950年以降	カトリック教会側から見たカタリ派への疑問から，中世の異端の本当の姿を研究する動きが活発化する。

INDEX

あ

『愛の聖務日課書』 56
（聖）アウグスティヌス 29
アギュレ，レーモン 91
アモーリ，アルノー 80・82
アリウス 17
アリウス主義 69
アルノー，ギヨーム 117
アルノルド派 128
アルビジョワ十字軍 43・55・61・75・77〜79・81・87・112・122・130
アルビ（アルビジョワ）派 41・47・79・90
アレクサンデル3世 128
アレクシオス1世 35・36
按手 23・25〜27・33・35・38・44・68・70・97・103・105
（聖）アンブロジウス 17
アンリ 41
アンリ・ド・マルシ 77
異端審問（官・所） 31・42・47・61・62・72・73・75・76・84・85・88〜91・93・95〜98・102・107・108・110・111・116・117・122・125・126・129・130
インノケンティウス3世 45・79・80
ヴァルドー派 78・79・91・125〜128
ヴェローナの教皇勅書 76
ウルバヌス2世 22
エウェルウィヌス 37・40・41・44・71・97
オーティエ，ギレム 95
オーティエ，ジャック 107・108
オーティエ，ピエール 95〜97・101・107・108

か

カール大帝 17
カスティーユ，ブランシュ・ド 118
カステルノー，ピエール・ド 79・87
カストル，イザルン・ド 78
カストル，ギラベール・ド 63・78・116・117・119
カストルム 43・46・47・49〜51・53〜55・59・78・88〜90・94・115〜118・120・122
カタリ派研究センター 129・131
『神の国』 29
“神の平和”運動 20・22・27
カンブレ，ジェラール・ド 24
ギー，ベルナール 95
『奇跡の書』 21
救慰礼（コンソラメント） 25・65・70・102・103・105・119・122・123
教権政治（主義） 17・22・79・94・99
禁欲主義 17
『グラティアヌス教令集』 17
グラベル，ラウール 19・23
クリュニー会 18・19・22・27・28
グレゴリウス1世 21・49
グレゴリウス9世 76
グレゴリウス改革 30・36・53・54
グレゴリウス7世 30・31
（聖）ゲオルギウス 49
コスト，レーモン・ド・ラ 91
コズマ司祭 34・35
『コデックス・ソフィロギウム』 18
コルベイユ条約 67
コンスタンティヌス1世 16
コンスタンティノポリス公会議 17
コンソラメント→救慰礼を見よ

さ

『サリカ法典』 53
サンタンジュ，ロマン・ド 110・112
サン＝ティベリ，エティエンヌ・ド 117
サン＝フェリクスの異端会議 43・45・46
シェーナウ，エクベルト・フォン 40・44・45
実体変化 24・26
シトー会 21・30・37・41・42・60・72・77・80
『使徒言行録』 27
『ジャック・フルニエ審問録』 71・91・97・101・130
ジャンヌ（レーモン7世の娘） 82・83・88・90
シャバンヌ，アデマール・ド 24
十字軍 30・31・42・49・78・80・82〜84・87・90・116・118・119・130
『信仰論集』 24
スコラ学 91
精霊派 84・126
『聖ヨハネの黙示録注解』 27・28
セルリエ，シカール 42・43・56

た

ターボル派 126
第3ラテラノ公会議 128
第4ラテラノ公会議 45・79
托鉢修道会 60・125
ダブリ，ジョフロワ 95・108
『ダブリン典礼書』 102・104・107
デペルノン，ロベール 43・45
デミウルゴス 35
デュビー，ジョルジュ 27・129
デリシウー，ベルナール 84
テンプル騎士団 42
『トゥールーズ慣習法』 41・85・93
トゥールーズ公会議 113

INDEX

トマス主義 97
（聖）ドミニコ 42・75・78・79
ドミニコ会 42・60・72・75・78・79・84・85・88・90・91・98・110・111・117・129
トランカヴェル家 42・43・46・47・50・54・56・58・77・83・117
トルバドゥール 54～56

な

ニカイア公会議 16・17
ニケタス 43～45・47
『二原理の書』 58・73・130
二元論 28～31・35・39・40・44・65・69・98・128

は

（聖）パウロ 25・27・77・106
バシリオ会 34
バシレイオス 35・36
パリ条約 82・88・111・112・116
反教権（主義） 21・23・41・43・56・77・93・96
秘跡 24～26・31・38・47・61・62・65・68・70・79・96・103・125
ピュイローランス，ギヨーム・ド 122・123
ピレネー条約 67
ビンゲン，ヒルデガルト・フォン 38・39
フィリッパ 117
フィリップ2世 80
フィリップ3世 67
フィリップ4世 67
フェビュ，ガストン 50
（聖）フォア 21
フォア，エスクラルモンド・ド 115
福音主義（運動） 21・27・30・37・41・59・98・126
フス派 125
フランシスコ会 56・60・72・79・84・85・88・96・97・117・125・126
（聖）フランチェスコ 79・84・96・125・126
フリードリヒ1世 76
プリスキリアヌス 17・77
フルク 110
『ブルゴーニュ公夫人の時祷書』 21
フンダギアタエ派 34
ベアトゥス 27
（聖）ペトロ 31・103
ペドロ2世 55・82
ベネディクト会 18・21
ペラ，ナポレオン 99
『ベリー公のいとも豪華なる時祷書』 65
ベリバスト，ギレム 97
ベルナルドゥス 37・41・42・44・54
ペレイユ，フォルネイラ・ド 116
ペレイユ，レーモン・ド 88・89・115～117・122
ボゴミール派 33～35・38～40・43・44・70
ポワティエ，アルフォンス・ド 83・90

ま

マズロル，ピエール・ド 117
『マタイによる福音書』 39・104・105・108・109・126
マニ教 17・18・23・27～29・31・34・38・40・98・115・130
マルクス 43・46
『マルコによる福音書』 105・107・109
マルティ，ベルトラン 91・123
（聖）ミカエル 28
ミハイル1世 34
ミュレの戦い 55・81・82
ミルポワ，ピエール・ロジェ・ド 117・118・122
黙示録 15・18・22・23・27～29・65・126
モンフォール，シモン・ド 55・81～83・87・88・91・122

や

ヨアキム主義者 126
（聖）ヨハネ 40・70・71・105・115
『ヨハネによる福音書』 40・103・104・108
『ヨハネの手紙一』 39・40・105・107
『ヨブ記講解』 21・49

ら

ランス公会議 76
『リヨン典礼書』 58・59・102・104
ルイ9世 82・89・112
『ルカによる福音書』 35・109
ルキウス3世 76
ルシフェル 35・65
レヴィ，ギー・ド 88・122
レーモン・ド・ミラヴァル 55
レーモン2世 117
レーモン5世 56・58・77
レーモン6世 55・58・77・81～83・109
レーモン7世 82・83・88・90・110・112
レーモン＝ロジェ 43・81
レオ9世 34
『歴史十巻』 19・23
ロジェ 2世 43・58・77
ロジェ＝ベルナール3世 95
ロベール2世 19
ロベール（モレーム） 30・42
ロラード派 126

出典(図版)

【表紙】

表紙◉開いた本を持ち降りてくる天使。リエバナのベアトゥス著『聖ヨハネの黙示録注解』。写真提供ダーリ・オルティ
背表紙◉『黙示録』。フランス国立図書館（パリ）蔵
裏表紙◉モンセギュール城。ジャン・ディウゼード撮影

【口絵】

5◉竜。リエバナのベアトゥス著『聖ヨハネの黙示録注解』のミニアチュール（10世紀）。エル・エスコリアル図書館蔵
6/7◉7つの封印を有する巻物。円の中の小羊が第1の封印を解くと，天使はヨハネに，冠を戴く射手を乗せた白い馬を見せた。小羊が第2の封印を解くと，牛はヨハネに，剣を持つ騎士を乗せた赤い馬を見せた。小羊が第3の封印を解くと，獅子はヨハネに，秤を持つ騎士を乗せた黒い馬を見せた。小羊が第4の封印を解くと，鷲はヨハネに，死を乗せた青白い馬を見せた。リエバナのベアトゥス著『聖ヨハネの黙示録注解』のミニアチュール（サン=スヴェール修道院の写本，11世紀中ごろ）。フランス国立図書館（パリ）蔵（Ms Lat.8878, fol 108v°-109）
8/9◉24長老の礼拝。玉座のキリストが福音書記者のシンボルに囲まれている。リエバナのベアトゥス著『聖ヨハネの黙示録注解』のミニアチュール（サン=スヴェール修道院の写本，11世紀中ごろ）。フランス国立図書館（パリ）蔵（Ms Lat.8878, fol 121v°-122）
10/11◉尾で天の星の3分の1を掃き寄せ，地上に投げつける竜。7つの頭と10本の角を持つ竜が，子を産もうとしている女の前に立ちはだかり，産んだらその子を食べてしまおうとしている。リエバナのベアトゥス著『聖ヨハネの黙示録注解』のミニアチュール（11世紀）。マドリード国立図書館蔵（Ms Vit.14-2, fol 186v°-187）
13◉「火刑に処される男たち」。ドイツの版画（14世紀）

【第1章】

14◉黙示録の第6の天使がラッパを吹く場面。火を吐く馬に乗ったよろいを着た騎士が現れ，人間の3分の1を殺す。リエバナのベアトゥス著『聖ヨハネの黙示録注解』のミニアチュール（サン=スヴェール修道院の写本，11世紀中ごろ）。フランス国立図書館（パリ）蔵(Ms Lat.8878, fol 148v°)
15◉人間を飲み込む怪獣。サン=ピエール教会（ショーヴィニー）の柱頭
16上◉ニカイア公会議(325年）で焚書を命じるコンスタンティヌス1世。『公会議決議録』のミニアチュール（9世紀)。ヴェルチェッリ参事会図書館蔵
16下◉「ミラノで異端を討つ聖アンブロジウス」。スフォルツァ家の祭壇画を手がけた画家による画。プティ=パレ美術館（アヴィニョン）蔵
17◉教会権力と世俗権力。『グラティアヌス教令集』のミニアチュール。フランス国立図書館（パリ）蔵（Lat.3893, fol 1）
18◉著述を行なう聖職者。『コデックス・ソフィロギウム』のミニアチュール（15世紀末）。トーレ・デ・トンボ古文書館（リスボン）蔵
19◉地獄。『図入り黙示録』のミニアチュール(13世紀)。北部派の画家による画。カンブレー市立図書館蔵
20◉Qの飾り文字。木を切

る修道士。グレゴリウス1世著『ヨブ記講解』のミニアチュール（シトー会の修道院の写本, 13世紀）。ディジョン市立図書館蔵（Ms 170）
21/21◉信仰生活の光景。『ブルゴーニュ公夫人の時祷書』のミニアチュール（1450年ごろ）。コンデ美術館（シャンティイ）蔵（Ms 76/1362, fol 5v°）
21右上◉聖フォワの聖遺物像(10世紀)。サント＝フォワ修道院（コンク）宝物室蔵
22下◉クリュニー修道院付属第3教会の祭壇を聖別する教皇ウルバスヌ2世（1095年)。『クリュニー修道院資料集』のミニアチュール（12世紀)。フランス国立図書館(パリ）蔵（Lat.17716, fol 91)
22上と23◉サバトに出かける魔女。マルタン・ル・フラン著『女性の擁護者』のミニアチュール（1451年)。フランス国立図書館(パリ)蔵（Fr.12476, fol 105v°）
24◉洗礼。『信仰論集』のミニアチュール（1371～1378年ごろ)。コンデ美術館（シャンティイ）蔵（Ms 137/1687, fol 45)
24/25◉キリストの奇跡および信徒に洗礼を授ける聖パウロ。カッパドキアのトカル・キリセ（ギョレメ）に描かれたフレスコ画（10世紀)
26下◉最後の晩餐。サン＝ネクテール教会の柱頭
26上◉「偶像を破壊する聖セバスティアヌスと聖ポリュカルポス」。ペドロ・ガルシア・ベナバーレ画(15世紀)。プラド美術館（マドリード）蔵（部分）
27◉竜と戦う天使。リエバナのベアトゥス著『聖ヨハネの黙示録注解』のミニアチュール（11世紀)。マドリード国立図書館蔵（Ms Vit.14-2)
28◉怪獣と戦う天使。リエバナのベアトゥス著『聖ヨハネの黙示録注解』のミニアチュール(10世紀)。エル・エスコリアル図書館蔵
28/29◉怪獣。『黙示録』(サン＝タマン修道院の写本, 9世紀)。ヴァランシエンヌ市立図書館蔵（Ms 99, fol 23)
29上◉聖アウグスティヌスの周りで口論をする天使と悪魔。アウグスティヌス著『神の国』の木版画（1486年ごろ)。アブヴィル市立図書館蔵
30下◉白馬に乗り悪魔と戦うキリスト教騎士。『聖ヨハネの黙示録』ロルヴァン写本のミニアチュール。トーレ・デ・トンボ古文書館（リスボン）蔵
31下◉グレゴリウス7世。12世紀半ばのミニアチュール。ドゥエ市立図書館蔵（Ms 315, fol 1v°)
30/31◉イスラム教徒を攻撃するフランス軍。ミニアチュール。アルベール1世王立図書館(ブリュッセル)蔵（Ms 8, fol 10)

【第2章】

32◉殉教する初期キリスト教徒。13世紀のギリシャの写本のミニアチュール。フランス国立図書館（パリ）蔵
33◉ボスニア・ヘルツェゴヴィナにあるボゴミール派の共同墓地（ラディミエ）
34◉ロバに乗って旅をする修道士。ミニアチュール。ヴァチカン図書館(ローマ)蔵
35上◉コンスタンティノープル総主教ミハイル1世を破門するローマ教皇レオ9世。『賢者レオの託宣』ギリシャ写本のミニアチュール（15世紀)。パレルモ国立図書館蔵
35下◉不正な管理者のたと

え話（ルカによる福音書第16章1節）のミニアチュール。アテネ国立図書館蔵
36上◉アレクシオス1世。11世紀のモザイク画。アヤソフィア（イスタンブール）蔵
37上◉機織職人の工房。15世紀のミニアチュール。フランス国立図書館（パリ）蔵
36/37◉神学書を焼く異端者。『ヴェリスラフ聖書』のミニアチュール（13世紀）。プラハ大学図書館蔵
38◉刑場に引き立てられる囚人。セバスティアン・マムロ著『トルコ人に対するフランス人の海外遠征』のミニアチュール（1490年ごろ）。フランス国立図書館（パリ）蔵（Fr.5594, fol 213）
39◉悪徳を懲らしめる美徳。ストラスブール大聖堂の彫刻
40◉聖ヨハネ。『ソワソンの聖メダルドゥスの福音』のミニアチュール（9世紀初め）。フランス国立図書館（パリ）蔵（Lat.8850, fol 180v°）
40下/41下◉『トゥールーズ慣習法』（1296年）。フランス国立図書館（パリ）蔵（Lat.9187, fol 31v°）
41上◉カトリック教会とユダヤ教会堂の間に立つキリスト。キリストと人類の系譜を記したランベルトゥス著『花の書』のミニアチュール（1448年ごろ）。コンデ美術館（シャンティイ）蔵
42◉「祈る聖ベルナルドゥス」。イェルク・ブロイ画（1500年）。ツヴェットル修道院（ニーダーエスターライヒ州）蔵
43◉トランカヴェル家の印璽
44/45◉第4ラテラノ公会議（1215年開催）。『アルビジョワ十字軍の歌』に基づくブランディーヌ＆ステファヌ・ラルーの彩色画。フランス国立図書館（パリ）蔵（Fr.25429, fol 81）。個人コレクション。
46◉ラングドック地方に設立されたカタリ派教会の地図
46/47◉モンゾネス教会（オート＝ガロンヌ県）の頭像。『ロマネスク時代のフランス南西部』（プリヴァ社）掲載の写真

【第3章】

48◉ペルペルテューズ城
49◉Rの飾り文字。竜を退治する騎士。グレゴリウス1世著『ヨブ記講解』のミニアチュール（12世紀初め）。ディジョン市立図書館蔵
50/51◉3つの身分それぞれの親交風景。アリストテレス著，ニコラ・オレーム訳『倫理学，政治学，経済学』のミニアチュール（15世紀）。ルーアン市立図書館蔵（Ms 927, fol 127 v°）
50上◉鍛冶屋。『人類救済の鏡』のミニアチュール（15世紀）。コンデ美術館（シャンティイ）蔵。
50下◉ローラゲ地方の平野に位置するブラン村
52◉狩猟官に指示するガストン・フェビュ。ガストン・フェビュ著『狩りの書』のミニアチュール（15世紀）。フランス国立図書館（パリ）蔵（Ms Fr.616, fol 13）
53上◉サリカ法典の写本（8世紀）。フランス国立図書館（パリ）蔵
53下◉騎士。大狩猟官邸（コルド）のファサードの部分
54上◉笛を吹く男と玉を操る子供。『リモージュの聖マルティアリスのトロパリウム』のミニアチュール（11世紀半ば）。フランス国立図書館（パリ）蔵（Lat.1118, fol 111）
55上◉レーモン・ド・ミラヴァル。ミニアチュール。フランス国立図書館（パリ）蔵（Fr.12473, fol 52v°）
54/55下◉信徒から教会への

出典(図版)

捧げもの。カスティーリャ王アルフォンソ10世作とされる『聖母マリア賛歌』のミニアチュール（13世紀）。エル・エスコリアル図書館蔵
56中◉デスマスク（14世紀初め）。アラス美術館蔵
56上/57◉悪魔の所業。饗宴，槍試合，舞踏，誘惑。『愛の聖務日課書』プロヴァンス写本のミニアチュール（13世紀末～14世紀初め）。エル・エスコリアル図書館蔵
58上◉王（12世紀末）。オーギュスタン美術館（トゥールーズ）蔵
58下◉トゥールーズ伯レーモン6世の印（1207年）。フランス国立古文書館（パリ）蔵
59下◉王妃（12世紀末）。オーギュスタン美術館（トゥールーズ）蔵
59上◉カタリ派の典礼書の冒頭部分（1250年ごろ）。リヨン美術館蔵
61上◉カルカソンヌの街
61中◉フォワ城
60/61◉慈善活動。注釈つきフランス語訳『詩篇集』のミニアチュール（13世紀初め）。フランス国立図書館（パリ）蔵（Ms Lat.8846）
62◉放蕩息子が悔い改める場面
63◉説教。クレティアン・ルグエ著『教訓をさずかるオウィディウス』のミニアチュール（14世紀）。ルーアン市立図書館蔵（Ms 1044, fol 67）
64◉反逆天使の堕天。『ベリー公のいとも豪華なる時祷書』のミニアチュール(15世紀初め)。コンデ美術館（シャンティイ）蔵（Ms 65/1284, fol 64v°）
65◉よき羊飼いの彫像。初期キリスト教芸術。ルーヴル美術館（パリ）蔵
66上◉ピュイローランス城
66中◉ラストゥール城。M・ロクベール著『眩惑の城塞』（プリヴァ社）掲載の写真
66/67◉ペルペルテューズ城
67上◉ピュイヴェール城。大塔への入り口。M・ロクベール著『眩惑の城塞』（プリヴァ社）掲載の写真
68◉キリスト像。サン＝セルナン教会(トゥールーズ)
69◉魂の計量。最後の審判を表現した彫刻の部分（12世紀）。サン＝ラザール大聖堂（オータン）の扉口
70左◉聖霊降臨。サント・ドミンゴ・デ・シロス修道院の回廊のレリーフ
70右上/71◉最後の審判。アルビ大聖堂のフレスコ画
72左/右下◉ローラゲ地方の円盤型の石碑
72右上◉2人のユダヤ人高利貸しからの施しを断るフランシスコ会士とドミニコ会士。『聖書紋章集』のミニアチュール（13世紀）。フランス国立図書館（パリ）蔵(Ms Lat.11560, fol 138)
73◉原罪。サン＝プランカール聖ヨハネ教会（オート＝ガロンヌ県）のフレスコ画

【第4章】

74◉「異端者を裁く聖ドミニコ」。ペドロ・ベルゲーテ画。プラード美術館（マドリード）蔵
75◉「聖ドミニコの生涯——聖ドミニコがカトリック教会を救う夢を見る教皇」。カンパーニア地方の画家による画(14世紀)。カポディモンテ美術館（ナポリ）蔵
76左◉「告発された者の一覧を受け取る教皇グレゴリウス9世」。ひざまずいているのは異端審問官。『グレゴリウス9世教令集』のミニアチュール。マルチャーナ図書館(ヴェネツィア)蔵（Ms latin du XIVes., fol 188）
76下◉聖ペテロと聖パウロの顔が彫られた教皇教書の

印璽。フランス国立古文書館（パリ）蔵
77◉アルビジョワ十字軍の一場面。『聖ドニの大年代記』のミニアチュール（1400年ごろ）。トゥールーズ市立図書館蔵（Ms 512, fol 251）
78上◉「討論する聖ドミニコと本の奇跡」。フラ・アンジェリコの祭壇画「聖母戴冠」のプレデッラ。ルーヴル美術館（パリ）蔵
78/79◉「教皇インノケンティウス3世」。コンクソルスによる13世紀のフレスコ画。スビアコの聖ベネディクトゥス修道院（サクロ・スペコ）
79上◉「火刑を宣告された男」。グラセ・ド・サン＝ソヴールによる版画（1795年）。フランス地理学会（パリ）蔵
80上◉パリにおいてアモーリ・ド・シャルトル支持派が異端としてフィリップ2世の面前で処刑される場面。『フランス大年代記』のミニアチュール（1460年ごろ）。フランス国立図書館（パリ）蔵（Ms Fr.6465, fol 236）
80/81◉「カルカソンヌ占領」。『アルビジョワ十字軍の歌』に基づくブランディーヌ＆ステファヌ・ラルーの版画。フランス国立図書館（パリ）蔵（Ms Fr.25429, fol 15）。個人コレクション
82上◉ミュレの戦い。『フランス大年代記』のミニアチュール（1460年ごろ）。フランス国立図書館（パリ）蔵（Ms Fr.6465, fol 252v°）
82下◉シモン・ド・モンフォールの肖像。19世紀の版画。パリ。個人コレクション
83◉「トゥールーズ伯の悔悛」。J＝M・モローの画に基づく版画（1782年）。フランス国立図書館（パリ）蔵
84上◉「ラングドック地方の扇動者」。ジャン＝ポール・ローランス画。オーギュスタン美術館（トゥールーズ）蔵
84/85下◉囚人。『トゥールーズ慣習法』のミニアチュール（1296年）。フランス国立図書館（パリ）蔵（Ms Lat.9187, fol 33）
86/87◉「十字軍のベジエ占拠」。19世紀の版画。パリ装飾芸術美術館蔵
86下◉「教皇特使ピエール・ド・カステルノーの暗殺」。『フランス史』掲載の版画（1860～1880年ごろ）。フランス国立図書館（パリ）蔵
87下◉「戦時下のアルビの人々」。A・メニャンの画に基づく版画。フランス国立図書館（パリ）蔵
88◉モンセギュール城（アリエージュ県）
89◉攻囲戦の石碑（13世紀）。サン＝ネクテール教会（カルカソンヌ）
90上◉十字型の手箱飾り。モンセギュール発掘品保管室蔵
90/91下◉「戦う教会」。アンドレア・ボナイウーティによるフレスコ画。サンタ・マリア・ノヴェラ教会（フィレンツェ）のスパニョーリ礼拝堂
91上◉火あぶりにされる異端者。シモン・ド・モンフォールの参事官だったアルファロ・ド・フランスの審問録の余白にペンで描かれた線画（1254年ごろ）。フランス国立古文書館（パリ）蔵

【第5章】

92◉「閉じ込められたカルカソンヌの人々」。J＝P・ローランスによる油絵の複製。カルカソンヌ市役所
93◉『トゥールーズ慣習法』（1296年）。フランス国立図書館（パリ）蔵（Ms Lat.9187, fol 23v°）
94上◉ダビデの戴冠。ギヤール・デ・ムーラン＆ピエ

ール・コメストルによる装飾入り聖書のミニアチュール（13世紀末～14世紀初め）。アトジェール美術館（モンペリエ）蔵
94下◉地獄の亡者を打ちのめす兵士。ノートルダム＝デュ＝ポール教会（クレルモン＝フェラン）の柱頭
94/95◉フォワ伯，パリャズ伯，カルドナ副伯の協定文書。フォワ伯の公証人を務めていたピエール・オーティエが記したもの（1284年）。フランス国立古文書館(パリ)蔵（J 879, n° 79）
96◉「ラ・ヴェルナ山で聖痕を授かる聖フランチェスコ」。ジョットによるフレスコ画。サン＝フランチェスコ聖堂（アッシジ）の上堂部分
97◉トゥールーズの異端審問の記録（13世紀）。トゥールーズ市立古文書館蔵。
98/99◉「モンセギュールの火刑」。19世紀の版画
98下◉ヘロデとサロメ。オーギュスタン美術館（トゥールーズ）の柱頭
100モンセギュール城の主塔。M・ロクベール著『眩惑の城塞』（プリヴァ社）掲載の写真

【資料篇】

101◉火あぶりにされる異端者。フランス国立古文書館（パリ）蔵
102◉オック語で記されたカタリ派のダブリン典礼書（14世紀末）。トリニティ・カレッジ図書館(ダブリン)蔵（Ms 269）。神の教会に関する説教が記されている。「この教会は命を損なうような真似は一切せず，いかなる殺害行為も認めない。私たちの主イエス・キリストもこう言っている。『もし（永遠の）命を得たいのなら……殺すな』（マタイによる福音書第19章18～19節）」
106◉聖パウロ。グラードの王家のものとされる象牙板(11世紀)。スフォルツェスコ城美術館（ミラノ）蔵
109◉「レーモン6世の悔悛」。F・トリニによる版画。写真提供ロジェ・ヴィオレ
110◉トゥールーズ伯レーモン7世の印（1242年)。フランス国立古文書館(パリ）蔵
112◉パリ条約に伴って行なわれた贖罪の儀式。フランス国王ルイ9世の立ち会いのもと，トゥールーズ伯レーモン7世は教皇特使サンタンジュ枢機卿から赦免を受けた。『トゥールーズ慣習法』のミニアチュール（1296年）。フランス国立図書館（パリ）蔵
115，116◉モンセギュール城の略図。Z・オルダンブール著『モンセギュールの火刑』（ガリマール社）掲載の描画
118/119◉モンセギュールのカストルム
124◉拷問にかけられるヴァルドー派の信者（1241年）。17世紀の版画。パリ装飾芸術美術館蔵
120/121◉カタリ派の拠点およびカストルムの地図。J＝C・ペルテュイゼ画
123◉オーギュスタン美術館（トゥールーズ）の柱頭の部分。写真提供J＝L・ガスク
126◉迫害を受けるピエモンテのヴァルドー派。写真提供ロジェ・ヴィオレ
128◉カタリ派研究センター（カルカソンヌ）の図書室

参考文献

A. ボルスト（藤代幸一訳）『カタリ派』新泉社，1975年
F. ニール（渡邊昌美訳）『異端カタリ派』白水社，1979年
堀田善衛『路上の人』新潮社，1985年
渡邊昌美『異端カタリ派の研究――中世南フランスの歴史と信仰』岩波書店，1989年
E. ル・ロワ・ラデュリ（井上幸治・波木居純一・渡邊昌美訳）『モンタイユー――ピレネーの村 1294～1324』（上・下）刀水書房，1990-91年
原田武『異端カタリ派と転生』人文書院，1991年
甚野尚志『中世の異端者たち』山川出版社，1996年
佐藤賢一『オクシタニア』集英社，2003年
池上俊一『ヨーロッパ中世の宗教運動』名古屋大学出版会，2007年
渡邊昌美『異端者の群れ――カタリ派とアルビジョア十字軍』八坂書房，2008年

CRÉDITS PHOTOGRAPHIQUES

Archives Gallimard 13, 34, 112-113. Artephot 35b, 40. Artephot/Babey 42. Artephot/Oronoz 30-31, 90-91. Bibliothèque nationale de France, Paris 6-7, 8-9, 14, 22b, 22, 23, 38, 40b-41b, 52, 54h, 55h, 60-61, 72hd, 80h, 82h, 84b-85b, 93. Bulloz 27, 92, 94-95. Charles Camberoque 66-67. Jean Loup Charmet 82b, 86-87, 86bg, 87bg, 101, 118. G. Dagli Orti 15, 16h, 8 20, 21d, 24-25, 26h, 28, 29 28-29, 31b, 35h, 36h, 36-37, 50h, 54-55b, 57, 69, 70g, 74, 75, 76g, 78-79, 79h, 89, 94, 96. Jean Dieuzaide 43, 58h, 59b, 61h, 68, 70d, 71, 72g, 87d, 92. Edimedia 37h, 110. Explorer/Fiore 32. Explorer/P. Thomas 97, 98-99. Jean-Louis Gasc 44-45, 80-81, 88, 95, 114-115, 120, 130. Giraudon 16b, 17, 19, 20-21, 24, 30b, 39, 41h, 49, 50-51, 53h, 56, 62, 63, 64, 76b, 84, 105. Guy Jungblut 47-48, 73. J.-C. Pertuizé / © Pyrénées Magazine 122-123. Rapho/Ch. Sappa 33. Rapho/G Sioën 48, 50b, 53b, 61m, 66h, 90h. Réunion des Musées nationaux 65, 78h. Roger Viollet 83, 127, 129. Christian Soula 66m, 67h, 67g, 100. Henri Stierlin 5, 10-11, 26. Trinity College, Dublin 102. Jean Vigne 58b, 77, 108.

[著者] **アンヌ・ブルノン**

古文書学者。フランス国立古文書学校および高等研究実習院宗教学部門修了。雑誌「異端」を創刊。中世の異端，とりわけカタリ派の研究を専門としており，それらに関する書籍や論文を数多く発表しているほか，数年にわたりモンペリエ大学で教鞭を取っている。現在は，フランスの文化遺産の名誉研究員として，エマニュエル・ル・ロワ・ラデュリが主宰する科学グループ「モンタイユー ——ピレネー地方の記憶」に参加している。……

[監修者] **池上俊一《いけがみしゅんいち》**

1956年愛知県生まれ。東京大学大学院総合文化研究科教授。専攻は西洋中世史。東京大学大学院人文科学研究科西洋史学専攻博士課程中退。86～88年フランス国立社会科学高等研究院に留学し，研究に従事する。主な著書に『ロマネスク世界論』，『ヨーロッパ中世の宗教運動』（ともに名古屋大学出版会），『シエナ——夢見るゴシック都市』（中公新書），監修に『魔女狩り』，『暦の歴史』，『大聖堂ものがたり』，『モン・サン・ミシェル』（ともに創元社）など多数。……

[訳者] **山田美明《やまだよしあき》**

1968年生まれ。東京外国語大学英米語学科中退。仏語・英語翻訳家。訳書に『太陽系の美しいハーモニー』，『太陽，月，そして地球』（いずれもアルケミスト双書，創元社），『バフェットの株式ポートフォリオを読み解く』（阪急コミュニケーションズ），『人類の原点を求めて』（原書房）など。……

「知の再発見」双書 160

カタリ派——ヨーロッパ最大の異端

2013年8月20日第1版第1刷発行

著者	アンヌ・ブルノン
監修者	池上俊一
訳者	山田美明
発行者	矢部敬一
発行所	株式会社 創元社 本　社❖大阪市中央区淡路町4-3-6 TEL(06)6231-9010(代) FAX(06)6233-3111 URL❖http://www.sogensha.co.jp/ 東京支店❖東京都新宿区神楽坂4-3 煉瓦塔ビル TEL(03)3269-1051(代)
造本装幀	戸田ツトム
印刷所	図書印刷株式会社

落丁・乱丁はお取替えいたします。

©Printed in Japan　ISBN 978-4-422-21220-3

◎好評既刊◎

B6変型判／カラー図版約200点

「知の再発見」双書
世界の宗教シリーズ

㉚十字軍
池上俊一〔監修〕

㊹イエスの生涯
小河陽〔監修〕

(53)イエズス会
鈴木宣明〔監修〕

(64)ローマ教皇
鈴木宣明〔監修〕

(70)キリスト教の誕生
佐伯晴郎〔監修〕

(75)宗教改革
佐伯晴郎〔監修〕

(78)旧約聖書の世界
矢島文夫〔監修〕

(93)聖書入門
船本弘毅〔監修〕

(95)聖母マリア
船本弘毅〔監修〕

(104)テンプル騎士団の謎
池上俊一〔監修〕

(108)モーセの生涯
矢島文夫〔監修〕

(134)死海文書入門
秦剛平〔監修〕

(146)ルルドの奇跡
船本弘毅〔監修〕

(155)シトー会
杉崎泰一郎〔監修〕

(157)フラ・アンジェリコ
森田義之〔監修〕

(158)モン・サン・ミシェル
池上俊一〔監修〕

(159)サンティアゴ・デ・コンポステーラと巡礼の道
杉崎泰一郎〔監修〕